来新夏
焦静宜

著

大家说历史

混乱中的行走

来新夏说北洋

生活·讀書·新知 三联书店

图书在版编目 (CIP) 数据

混乱中的行走：来新夏说北洋／来新夏，焦静宜著.
—北京：生活·读书·新知三联书店，2018.9
（大家说历史）
ISBN 978 - 7 - 108 - 06254 - 3

I. ①混… II. ①来… ②焦… III. ①北洋军阀史 –
通俗读物 IV. ①K258.209

中国版本图书馆 CIP 数据核字 (2018) 第 054540 号

责任编辑　陈丽军
封面设计　陈乃馨
责任印制　黄雪明
出版发行　生活·讀書·新知 三联书店
　　　　　（北京市东城区美术馆东街 22 号）
邮　　编　100010
印　　刷　常熟文化印刷有限公司
版　　次　2018 年 9 月第 1 版
　　　　　2018 年 9 月第 1 次印刷
开　　本　650 毫米 × 900 毫米　1/16　印张　15.25
字　　数　170 千字
定　　价　36.00 元

目录

代序 我和北洋军阀史研究

    我虽是历史专业出身，但在读大学时对北洋军阀史却了解很少，仅仅只在课余读过一本丁文江所写的《民国军事近纪》，约略知道一点袁世凯北洋军和直、皖、奉三系军阀的情况而已。1949年9月，我结束了在华北大学的政治学习后，被分配到由该校副校长范文澜教授主持的历史研究室，当一名研究生。研究室分通史和近代史两个方向，我被指定到近代史方向。我除了在范老直接指导和荣孟源老师具体组织和主持下，写过一篇纪念太平天国起义百周年的文章外，主要工作是对入城后从一些北洋军阀人物家中和某些单位收缴移送来的藏档进行清理和分类。这批档案有百余麻袋，杂乱无章，几乎无从下手。整理的场所先是在东厂胡同旧黎元洪府第花园的八角亭一间面积很大的房间里，有7个人参加整理工作，整理组组长是后来任中国第二历史档案馆副馆长的唐彪。每次从库房运来几袋就往地下一倒，尘土飞扬，呛人几近窒息。当时条件很差，只能穿一身旧紫花布制服，戴着口罩，蹲在地上按档案形式如私人信札、公文批件、电报电稿、密报、图片和杂类等分别检放到书架上。因为每件档案都有脏污之物，要抖干净就扬起尘土，整天都在爆土扬尘中过日子，直到下班，不仅外衣一层土，连眼镜片都被灰尘蒙得模糊不清，鼻孔下面一条黑杠，往往彼此相视而笑，但从没有什

1

么抱怨。在整理过程中,因为急于闯过这个尘土飞扬的环境关,进行速度较快,所以除了知道不同形式的档案和记住一些军阀的名字外,几乎很难停下来仔细看看内容,只能说这是接触北洋军阀档案的开始而已,谈不上什么研究。

大约经过两个多月的整理,袋装档案全部清理上架,分别成捆。为了进入正规的整理工作,集中十来天进行有关这段历史资料的学习,读了若干种有关北洋军阀的旧著,如丁文江、文公直、陶菊隐等人的著作。我们也从东厂胡同搬到有四五间宽敞工作间的干面胡同,开始整档工作。我们将档案分成政治、经济、军事、文化四大类,每个人把一捆捆档案放在面前,认真阅读后,分类上架,所以看得比较仔细,并在特制的卡片上写上文件名、成件时间、编号及内容摘要,最后签上整理者的名字。这次因为已经经过第一轮清理,不再有太多尘土,环境又比较宽敞幽静,所以大家心情舒畅,休息时和在宿舍里常常交谈阅档所了解到的珍贵或有趣的材料。这些都能引起大家的很大兴趣,有时我还在第二天去追踪查档,了解具体内容。我曾利用空闲的时间,把自认为有用的材料抄录下来,积少成多,慢慢地积累有两册黄草纸本。同时为了查对档案中的事实和加深拓宽这一领域的知识,我又读了大量有关北洋军阀的著作,眼界逐渐开阔,钻研这方面问题的信心也增强了不少。我也了解到当时这方面的研究还没有很好地展开,以往的一些著作过于陈旧,数量也不大,而新著几乎没有,相关论文也只有零星短篇,所以感到这确是一块颇有价值的用武之地。

随着半年多整档工作的接近完成,我对北洋军阀这一近代的政治军事集团,从兴起到覆灭已有了一个大致轮廓性的了解,对错综复杂的派系关系也掌握了基本脉络,奠定了我将以一生绝大部分精力致力于北洋军阀史研究的基础。半年多的整档工作，虽然比较辛劳，但收获是很大的。一是我通过整档阅档工作，不知不觉地进入了一个从未涉足过的学术领域——它影响我一生的学术道路；二是我毫无愧色地以自己是新中国最早一批档案工作者而自豪。不久，这批整理过的北洋军阀档案，奉命移送到南京，和原国史馆合并，成立史料整理处，就是现在中国第二历史档案馆的前身，有几位同事随从南下，我则应聘到天津南开大学工作。

我到南开大学任教后，仍坚持北洋军阀史的研究，搜集整理有关资料，并开始写点文章。到津第二年，我在《历史教学》杂志上连续发表了题为《北洋军阀统治时期》的讲课记录，虽然还不很成熟，但却是我第一篇北洋军阀史方面的专文，从此正式进入北洋军阀史研究领域。与此同时，我又得到一次深入这一领域的机遇。原来在 20 世纪 50 年代初，为了更好地推动中国近代史的研究，在范文澜、翦伯赞等史学界前辈的倡导和主持下，由中国史学会主编一套《中国近代史资料丛刊》，包括从鸦片战争到北洋军阀共十二个专题，分别组织专人编选。当时，北洋军阀这一专题也组织过一个包括京津史学工作者在内的编委会，已故的荣孟源和谢国桢二先生都是成员。我当时虽尚不及而立之年，也承荣、谢两先生厚爱，忝居其列，并接受委托在津搜集资料。不久，人事变幻，编辑工作陷于停顿，在津刚开始的资料搜集工作也告中断，所搜集的图书资料全部缴归南开大学图书馆入藏。我虽对此事的中辍抱有微憾，但却意外地接触了不少有关资料，为我日后撰写《北洋军阀史略》作了必需的准备。

1956 年正值关于知识分子问题提出的大好时机，学术有欣欣向荣之势，湖北人民出版社邀请我撰写北洋军阀方面的书稿。

我既有一定的资料积累，又有一股写作激情的冲动，于是摆脱掉不敢接触历史"阴暗面"的心态，不自量力地接受了这一约稿。我在《北洋军阀统治时期》一文的基础上加以扩大、改订和充实，经过一年多夜以继日的努力撰写，终于在1957年完成并出版了中华人民共和国成立后第一部系统论述北洋军阀史的专著——《北洋军阀史略》。我在撰写过程中力图以历史唯物主义的观点和方法，将北洋军阀集团的兴衰变化作为一个历史整体进行考察，探求其成败兴亡的内在联系。这部著作虽然篇幅不大，但它是我的第一部专著。我很自信，它为北洋军阀史的研究开拓了新领域，也为后来学术界研究这段历史奠定了良好的基础。这部书曾引起了国内外学者的注意，日本明治大学岩崎富久男教授翻译了此书，增加了随文插图，易名为《中国的军阀》，先后由两个出版社出版，成为日本有关学者案头的参考用书。

《北洋军阀史略》出版后不久，我的教学任务突然被迫由近代转向古代，而且一直处于一种近乎闲置的境地，北洋军阀史的研究也就随之而暂时搁置了。直到1970年代末，随着政治气氛的宽松，民国史研究的兴起，有关北洋军阀史的历史资料也日见丰富，新知旧雨很关心我的那部处女作，敦促我增订《北洋军阀史略》以应社会需要。我也深深地感到这是我应尽的社会职责，但又想到"流水落花春去也"，20多年来，我在北洋军阀史的研究方面少有建树，但是，时代的支持和鼓动，坚定了我重理旧业的信念。于是，我翻阅了大量的文献著述、历史档案、报纸杂志、方志笔记和文集传记等资料，对北洋军阀的研究对象、范围、分期问题、特点、地位、影响及其阶级基础等重大问题进行了再研究，并拟定了编写方案，终于在焦静宜女士等人的参加下，于

1983 年完成了《北洋军阀史稿》的编写工作,仍由湖北人民出版社出版。这部 36 万余言的新著,比之《北洋军阀史略》,不仅篇幅增大,条理较前清晰,论证较前缜密,而且论述范围也有所扩展。在中国各派反军阀统治力量的斗争史和有关历史人物的活动方面,在军阀混战的具体战役、战斗方面,在北洋军阀集团与帝国主义侵略势力的关系方面,都有较多的增加和拓展。毫无疑问,这在当时确是这方面唯一的一部专著,对军阀史和民国史研究的深入开展起到了推动和促进作用。

《北洋军阀史稿》完成后,很自然地引起我 30 年前参与编纂《北洋军阀》资料的情思,希望《中国近代史资料丛刊》终成完璧。也许是我和北洋军阀史研究的特殊缘分,1985 年秋,上海人民出版社为补足这套丛书,特派该社编审叶亚廉先生躬临天津,面商北洋军阀资料的编辑问题,并有多次信件往还。1986年初,该社又借我去沪出席中国文化史国际学术讨论会之便,作了进一步的具体磋商,并订立了编辑出版协议。

北洋军阀专题是《中国近代史资料丛刊》的最后一种。由于这一专题的长期阙如,丛刊未能及时配套,因而出版者亟谋完成补缺工作,但因资料零散,人力单薄,有些资料近年又多分别出版,不宜过多重复,有些资料搜求尚多窒碍,以致进展时有困难。即使如此,我们为完成前辈遗业,也竭尽绵薄,希望能较好地完成补缺填空的任务。北洋军阀的资料涉及范围较广,有许多资料尚未经时间筛选和学术考辨;有的又往往由于当时不同派系的政治需要而真伪参半;有些不仅已有较多的印本,还有近期的重印本。这些都给搜求整理工作带来了一定的困难,可是鉴于教学与研究的迫切需要,我们不能不力求在较短时间内完成这一资料的选编工作。

这套书的选录范围涉及档案、传记、专集、专著、报刊和汇编等方面，凡现已流行的重印本或公开发表过的资料尽量少选或不选，如确有一定史料价值非此不足以说明问题的，也就难以避免重复。资料门类的选用按照各阶段史实与资料多寡而各有侧重，尽可能选录一部分具有史料价值的原始资料和流行较稀的成书。如从中国第一历史档案馆藏档中选录清末北洋新军活动的资料；从中国第二历史档案馆选录的第一次直奉战争资料，比较完备地反映了战前的舆论准备、战争中直系的财政支出等；从天津历史博物馆收藏的黎元洪函电稿中选抄了新旧约法之争、中德断交和军阀虐政等内容。有些官书中虽有有关资料，但因篇幅过巨、内容繁杂，那就从中钩稽选编，如从《德宗实录》和《宣统政纪》中辑录的北洋新军资料；外国人著作则侧重于亲历目击、具有相当史料价值的，如埃·劳伦斯所著《中国的军事力量——军阀》一书系作者亲历第二次直奉战争之作，记录战争的前后比较真实详尽。有些著作确有较高史料价值，如袁世凯的政治顾问、英国《泰晤士报》驻北京记者乔·厄·莫理循的书信集，是一部百余万字，涉及 1895 至 1920 年间中国政情的重要资料，但就在我们选译过程中，知识出版社即以《清末民初政情内幕》为书名，将其全译出版，那就只好舍弃不取了。总之，从浩瀚的资料里选录若干，纳入有限的篇幅之中，确有疏漏之虞。因之，我们又编制了书目提要和论文索引等参考检索工具，以满足读者进一步求索的需要。这套资料共五册，第一至四册系按北洋军阀的兴亡历程分四个阶段，并围绕各阶段中的几个重要问题分别选编六七十万字不等，各成一册；第五册则包括军阀人物传志、大事记、书目提要、论文摘要与附表等，总字数达三百余万字。

这套资料于1993年春全部面世后，与《北洋军阀史稿》相配，既有专著，又有资料，应该说这一领域的研究已基本完备结题。但是，我总以为应该再努力以赴，把《北洋军阀史稿》撰写为真正意义上的通史性著述——《北洋军阀史》。于是，我重读《北洋军阀史稿》，发现确有增订余地，反复思考，重新草拟写作提要，邀约分撰者，除了我的学生焦静宜、莫建来、张树勇和刘本军外，日本学者水野明和贵志俊彦等也应邀参与了一些章节的研讨，同时，我编写了各篇章的要点，供分撰者参考。从1994年开始搜集资料，分头撰写专稿；1996年，个别章节完稿，而大部分章节尚待订正，难以总纂成书；1997年，我尽量协调参与者的撰稿时间，又历时一年，终成初稿百余万字，遂由我通读全稿，审定内容，划一体例，润色文字，即于2000年夏交付出版社。新撰《北洋军阀史》较之《北洋军阀史稿》，显有改观，篇幅约增近三倍，内容颇多增删修订，虽尚难称尽善，然已各尽心力。设新著《北洋军阀史》能为北洋通史补空而在一定时期内可备研究与教学参考之选，则数年辛劳亦足以自慰。至于有不当或错谬之处，则司主编者不得辞其咎，愿恭聆各方之指正！

我对北洋军阀史的研究，经历了半个世纪的漫长路途，别人看我似乎有点痴迷，而我则非常欣慰地感到此生没有虚耗，因为我终于做了一件有益于他人的事。我的这一历程充满着坎坷艰难，《北洋军阀史》的告成，既为学术书林增植一株树木，也体现出一种人间的冲刷。我感谢奖掖和支持过我的前辈和同道们！

总说

释
『
北
洋
』

在 19 世纪末至 20 世纪一二十年代间,中国政治舞台上出现了北洋军阀集团和它所控制的北洋军阀政府。那么,这个集团究竟为什么以"北洋"冠名,"北洋"一词又从何而来?

"北洋"一词在鸦片战争前就已出现,当时它与"南洋"并称,都是一种地域观念。嘉道时经世学者包世臣曾在议论南漕海运的文章中明确地界定说:

> 出吴淞口迤南,由浙及闽粤,皆为南洋;
> 迤北通海,山东、直隶及关东,皆为北洋。

但鸦片战争后,特别是 19 世纪 60 年代以后,"北洋"更具有特殊的含义了。从 19 世纪 40 年代到 60 年代之间,外国侵略者曾连续对中国发动两次鸦片战争,以求建立他们在中国的统治地位。但在第二次鸦片战争后,情况有所不同,英、法、美各国都改变其方针,想借兵力给清政府,以助其平定国内的"叛乱";清政府也向外国侵略者表示了进一步依附的意向,不仅拱手让与各项权利,而且于咸丰十一年(1861 年),在中央设立了专为与外国侵略者交往和服务的总理各国通商事务衙门,目的是为了适应半殖民地化形势发展的要求,任务是办理殖民外交,同时管理通商、海防、军务、关税、铁路、开矿、制造军火等事务,实际上总揽了整个"洋务"事宜。又为了便于能就地与外国侵略者

3

交往和服务,而设立了"南洋""北洋"大臣。南洋大臣由两江总督兼任,掌管上海与长江各口以及闽、粤、浙三省;北洋大臣由直隶总督兼任,专管北方各省。因此所谓"南洋""北洋",实含有为外国侵略者服务的意义,是清政府统治机构半殖民地化的表现和明证,而且也是掌握政府重要职权的机构。于是,"北洋"一词逐渐演化为清政府北方地区权力中心的象征,并成为社会上流行的语词。北洋军阀集团既起家于北洋地域,也就顺理成章地以"北洋"作为集团的标识。不仅人们如此称呼它们,北洋集团本身也时以"北洋袍泽"来显示它们为一体。

『军阀』与『北洋军阀』

"军阀"这一名词最早的文献记载是《新唐书·郭虔瓘传》中所记:"郭虔瓘,齐州历城人,开元初,录军阀,累迁右骁卫将军兼北庭都护、金山道副大总管。"

《郭传》中"军阀"一词的含义有别于后世之所谓"军阀"。这个"阀"是阀阅之家的"阀",是指世家门第,即指官宦人家门前旌表他们功绩的柱子。"军阀"是指有军功的军人世家,含有门庭显赫的褒意。但近代以来被冠之以"军阀"的个人和集团因处于潮流发展的对立面,而使"军阀"一词毫无疑义地成为贬词,并已有人使用其贬意。1918年底,陈独秀就曾为军阀下过定义,他认为:军阀是毫无知识、毫无功能、专门干预政治破坏国法、马贼式的、恶丐式的人物。1919年,梁启超在《欧游心影录》中曾说军阀的特征是外强中干、上刚下柔。同时孙中山也在给他人的信件中第一次使用了"南中军阀"一词。1920年初,政论家谭平山比较明确地界定了军阀的含义,他说:"握了一种特殊的势力,成了一种特别的阶级,组织了一种特别的系统,这就叫作'军阀'。"

北伐战争时,"打倒军阀"的口号响彻神州,"军阀"已完全成为贬词。当时,胡汉民和蒋介石等似乎都曾因要为"打倒军阀"这一口号作注解,而对"军阀"下过定义。胡汉民在一次演讲中曾说:"一个军人上没有为国家的利益,下没有听民众要求解放的呼声,只是前面靠官僚、政客、土豪、劣绅以及一切反革命势力做了虎狼,后面勾结着帝国主义做了声援,这就是军阀。"蒋介石在另一次谈话中也曾说:"军阀把持的是地盘,要的是财产,爱惜的是自己的生命,取给的是帝国主义。"以后,这个问题很久没有人正式涉及,直到近20多年,由于民国史和北洋军阀史的研究与编写,又引起人们的注意,海内外学者都对此发表过意见。中国现代史学者彭明曾在《北洋军阀(研究提纲)》中提出对"军阀"一语的三条定义,即:"他们各有一支为自己争权夺利而服务的军队","他们各有一块可以任意搜刮和统治的地盘","(他们)大都是帝国主义在中国进行统治的工具"。《中华民国史》的主编李新曾反复阐述自己的论点,概括起来也就是私兵、地盘和武治(武力统治)三条,没有太多的超越。1989年,台湾学者张玉法提出如下四点作为军阀定义的依据,即:(1)养军的目的是追求个人和本军的利益;(2)武力被当作解决纷争的正常途径;(3)军事权不受行政权的拘束;(4)国内如此,甚至国际种种秩序、法律也不顾及。

海外一些学者对此问题也有所研究,并发表自己的见解。1973年,日本学者波多野善大在集结其历年有关近代军阀论文所编的《中国近代军阀的研究》一书中,分析了近代军阀所具有的五种性格,即企业性、买办性、地主性、兵士素质差(与土匪没有什么差别)和军队的私兵性,其第四项似可简称为土匪性。与此同时,由美国历史学者费正清主编的《剑桥中华民国史》第六章的分撰者薛立敦曾作如下的表述:"最简单地说,'军阀'就是那种指挥着一支私人军队,控制着或企图控制一定地盘,并且多少是独立行动的人。在中文中,'军阀'是一个带有贬义的词,令人想起一个自私的、丝毫没有社会意识或国民精神的司令官。"

综合中外学者的研究,并无太多的分歧。如果以私兵、地盘和武治三条件来诠释军阀,那么与近代北洋军阀的内涵正相吻合,所以我们对北洋军阀集团可以作如下的表述:北洋军阀是以一定军事力量为支柱,以一定地域为依托,在"中体西用"思想指导下,以封建关系为纽带,以帝国主义为奥援,参与各项政治、军事及社会活动,罔顾公义,而以只图私利为行使权力之目的之个人和集团。

北洋军阀的特点

第一，北洋军阀集团是以封建地主阶级为主要的社会基础。它的某些部分在一定时期带有资产阶级性质，这种变化发生的时间大致在1914年以后。

北洋军阀的大小军阀普遍地霸占土地、广置田产房舍，进行封建性的榨取和剥削，它的总首脑袁世凯在河南彰德、汲县、辉县等地占有土地400顷左右，其家族占有彰德全县田产的三分之一。奉系军阀张作霖依恃权势攫夺了大量土质肥沃、交通便利的良田美产。直系军阀李纯因历年在江苏、江西等地搜刮民脂民膏而拥有巨额财富，他除储存了黄金、珠宝和股票外，还把大量财富投放到土地和房产上。其中仅天津地区的地产就近百顷，值银近30万银元；在津出租的房屋有6 000余间，值银127万余银元；另有家存现金达300余万银元。

北洋军阀集团的大小军阀早期由于大多出自农村，与土地有着千丝万缕的联系，对于封建性剥削的手段比较熟悉。当时，近代工业发展尚不显著；而这些军阀又缺乏对近代工业的充分了解，还不大熟悉资本主义的剥削手段，多数军阀基本上仍是霸占土地的大小地主，因而北洋军阀集团仍以封建地主阶级为其主要社会基础。但是，随着近代工业的发展，特别是第一次世界大战爆发后，工业利润成倍增长，大大地超过了地租所得，从而引起了这些军阀的贪欲，于是他们纷纷向工业投资。这种投资活动特别显著地表现在天津地区,从 1914 年至 1925 年,天津新建工厂 26 家,其中北洋军阀投资的有 11 家,占新建工厂的 42.3%。这 11 家工厂的资本总额是 1 520 万元,占 26 家资本总额 2 926 万元的 53.7%。如 1918 年开业的裕元纱厂实际上就是安福系军阀官僚所办,该厂董事会的主要成员有:国务总理段祺瑞、安徽督军倪嗣冲、陆军次长徐树铮、外交总长曹汝霖、交通总长朱启钤、众院议长王揖唐和安福议员王郅隆等,全部股本 200 万元,仅倪嗣冲一人就占有 110 万元。在直隶遵化、兴隆一带有倪嗣冲、冯国璋的三处金矿。山东的中兴煤矿就是徐世昌、朱启钤等人用私人名义创办的。号称"北四行"的盐业、金城、大陆、中南四家银行的资本也主要来源于北洋军阀的投资——即倪嗣冲、徐树铮、徐世昌、王占元、吴佩孚、孙传芳和冯国璋等人。北洋军阀的要人在各企业中的投资数目都很惊人,据一种不完全的统计:徐树铮 800 万元、徐世昌 1 000 万元、靳云鹏 2 000 万元、倪嗣冲 2 500 万元、梁士诒 3 000 万元、王占元 3 000 万元、曹锟 5 000 万元。因此,北洋军阀集团又在一定程度上具有资产阶级性质。

军阀们通过地租和企业投资获得利润,又以所得进行高利贷剥削和购置土地。这三者的资金相互转化、增值,使这批人物既成为地主阶级中的重要组成部分,又在一定时期进入了资产阶级的行列,带有某些资产阶级色彩。这就是北洋军阀集团最根本的特点,也是它与旧的封建性军阀的主要分界点。

第二,它以"中学为体,西学为用"思想为指导。

"中学为体,西学为用"是晚清时期洋务派提出来用以挽救清朝政权灭亡命运的"救世良方",小站练兵就是"中体西用"指导思想在军事方面的应用和体现。袁世凯提出"训以固其心,练以精其技"作为其建军的基本方针,即以封建伦常关系来团结军心,以西方军械操典来强化军事技能。他更明确提出"兵不训不知忠义""兵不练不知战阵"等主张,把训与练作为两大建军思想和练兵内容,实质上体现了"中体西用"的思想,而为当时朝野上下所重视与接受,从而使他的练兵得到较充裕的供应和装备,使北洋军阀集团在创建阶段能够顺利地发展和壮大。

1912年以后,北洋军阀集团掌握了政权。它面临的是一个新旧并存、中西杂陈的过渡性社会,它把"中体西用"思想推衍到政治范畴。它所强调的"中体",虽然不能公然宣扬"君权",但其核心内容仍然是封建主义的伦常关系;而所谓"西用",已不仅采用西方的军事操典、器械、营规,还借用了西方的资产阶级民主制度,如宪法、议会、选举等,所以,北洋军阀控制下的民国政府,只是在封建主义和资本主义撞击下体现"中体西用"的军阀政权而已。所谓国会选举、府院之争及历次阁潮等,无一不是北洋军阀集团利用西方民主形式来达到其封建性目标的所作所为。各种民主机构,甚至宪法都被北洋军阀集团用来作为封建性统治的装饰品和工具,一旦不合于"中体",那"西用"就会成为牺牲品,如解散国会、缴销议员证书、暗杀政党领袖等,终而要埋葬民国,实行帝制。

北洋军阀集团的"西用"内容比较明显,而"中体"内容究何所指? 我们认为:它基本上是儒家的封建伦常关系。有人认为北洋军阀集团不是儒学之士,这不是没有根据的。因为受过教育的军阀不过占其中的30%,而其余的大部分是文盲或半文盲。这些人当然不可能真正准确地理解儒家文化,但不能认为他们没有受到从封建制度下因袭而来的传统儒家文化所给予的影响(如思想观念、礼俗、习惯、传说等),而且他们确在实际生活中利用了儒家文化。加拿大籍华人学者陈志让曾提出了很好的意见,他说:"北京政府自1912年建立到1928年倒台,控制它的军阀始终固守着儒家思想,同时更试图借着儒家政治原则来统治这个儒家体制已经解体的国家。"所以,北洋军阀集团的"中体"可以作如下的概括,即:以儒家文化为核心,以封建伦常为纽带,维护一种异常明显的层次性宝塔式的统治系统和等级隶属关系,以延续甚至恢复封建体制和封建行为规范。

吴佩孚是北洋军阀集团中的"中体西用"思想的典型。他一方面以"儒将"自命,崇尚关、岳,标榜维护华夏尊严,排斥外来事物,以此所谓"中体"适应封建守旧的口味;另一方面又改革军事,聘请洋顾问,接受西方文化,以此所谓"西用"博取西方资产阶级的赞誉。吴佩孚按照半封建半殖民地"中体西用"的思想要求,把自己塑造成一个"学贯中西"而为中外人士都能接受的人物。他机智地利用民主舆论,高唱"救国爱民"以粉饰自己,而实际上却制造"二七"惨案,怂恿曹锟贿选,组织直奉联盟,等等,以维护封建主义之体。1929年,吴佩孚全盘失败、退出政治舞台后,似乎经过自省反思,发表了《循分新书》,明确阐述其"中体"思想。他说,要"奉行礼教以达圣人境界",并认为"共和是现今社会道德的衰微",要"振衰起敝,唯一之道是要振兴文化"。

这就是北洋军阀集团主流思想的代表。但事与愿违,他们由于无知、少知和悖于时代要求,宣扬和利用儒家文化中过时的糟粕,即那些难以为时代所接受,甚至令人作呕的丑陋内容。他们所谓的"振兴儒家文化",实际上是践踏儒家文化和对儒家文化进行了一次大破坏。儒家文化中应该扬弃的陈腐部分和弱点被他们"提倡"得暴露无遗,以致"五四"运动针对这些社会现象

11

提出了"打倒孔家店"这类近乎绝对化的口号与此不无关系。可以说,具有"中体西用"指导思想是北洋军阀与前军阀的不同点。

第三,割据称雄,拥兵争霸。

北洋军阀不仅那些镇守使、督军、巡阅使、联帅割据一地、一省,甚至数省,就是已经掌握了北洋政府权力的派系也都有一定的直辖范围。皖系控制了山东、山西、安徽、浙江、福建、陕西、甘肃、新疆八省与热河、察哈尔两个特别行政区及淞沪护军使所辖区域;直系则控制直隶、湖北、河南、江西、江苏五省与绥远特别区、宁夏护军使所辖区域,直皖战争后,直系势力勃兴,地盘更有扩大;奉系除以东三省为主要基地外,还深入到蒙疆、京津、热察等地。北洋军阀集团内部互相倾轧、争夺,甚至混战,其重要原因之一就是争夺地盘。他们深深懂得:如果没有地盘,那就无法立足和存在下去。因为割据一方就可以解决兵源、财源两大问题。他们可以在辖区征募士兵,强派夫役,为他们的争权夺利去卖命和服役,还可以在辖区搜刮财物以供战争之粮秣和私欲之挥霍,如直系军阀张英华,1926年在河南一省所勒缴的捐税就有:

(甲)正杂税经常收入1 100万元(其中包括田赋丁漕、契税、百货厘金、牙税、屠宰税等);

(乙)非法税收,如对日用必需品之盐即由引岸管理局新设盐务督销处每年增收约600万元;

(丙)纸烟特税300万元;

(丁)1927至1929年田税丁漕预征约1 400万元。

以上四项合计共达3 400万元,再加上滥发纸币、驻地征派等,总计达1亿元以上。其他军阀割据地区也莫不如此。

有兵斯有权,这是中国近代社会的一大特点,它更体现在北洋军阀身上。当他们割据一方自雄时,必须要有兵力来维护地盘并发展自己的势力;而当他们掌握全国政权时又必须运用兵权以实现武力统一,巩固它的统治权。当时全国兵员数目已相当庞大,如 1916 年,全国的正规军、巡防队和杂牌队伍,共计有兵约 65 万名,且未计官佐在内。这显然是官方缩小的数字,所以,另一份资料的统计则为 878 090 人。至 1919 年即达 138 万多人,1925 年又增至 1 436 180 人,比之 1916 年,仅仅十年即增加 50 多万兵员。当然,北洋军阀集团各派系的兵员在其中即占有相当大的比重。他们无不抓紧时机,扩充兵员,如直皖战争前,皖系拥有 3 师 4 旅的兵力;直皖战争后,直系崛起,其嫡系兵力即有 7 个师、5 个混成旅。第一次直奉战争前直系兵力已近 10 万,到第二次直奉战争前夕,经过大事扩充,殆达 25 万人之众。奉系在 1921 年时拥有 5 个师、23 个混成旅、3 个骑兵旅的兵力,而到了 1925 年 9 月奉系鼎盛时期,兵员增至 36 万余人。这 36 万人的分驻情况是:李景林部 6 万余人,驻直隶;张宗昌部 9 万余人,驻山东;张学良、郭松龄部 7.5 万余人,驻京奉路沿线;江苏有奉军 3.3 万余人,驻南京、上海、徐州一带;东三省和热河有 11 万人,驻东三省及热河。

在北洋军阀集团内部似乎形成这样一种风气,就是不论官位多高,都要亲自抓一支军队在手里。袁世凯的权力已达顶峰,但是他仍然要成立一个模范团,自兼团长,名为培训军官,实则抓住实力核心,又专门成立一个"陆海军大元帅统率办事处",亲自定夺一切军事要政。段祺瑞媚日卖国,冒天下大不韪,专门编练一支"参战军"。一般情况下,军阀们决不放弃亲领军队的师长之类的官位,如权倾中外、显赫一时的吴佩孚是以第三师师长兼巡阅使;五省联帅孙传芳是以巡阅使兼第二师师长;奉系首脑张作霖除东三省巡阅使、蒙疆经略使、热察绥三特区都统等三项重要职务外,还兼任第二十七师师长。正因为军权重要,所以一旦打算更动或剥夺其实际军权时往往会发生变故,如吴佩孚曾把直隶督军王承斌所兼第二十三师师长、河南督军张福来所兼第二十四师师长、湖北督军萧耀南所兼第二十五师师长职衔一律开去;他又想免去齐燮元所兼第六师师长、王怀庆所兼第十三师师长、郑士琦所兼第五师师长职衔,结果在直系内部招来了这些大将的猛烈反对,王承斌甚至到保定面见曹锟,以辞职相要挟。北洋军阀之所以如此"爱兵如命",是由于处在军阀割据的条件下,不如此就无法保护他们的地盘和职位,也就无法立足于当世。有些军阀史的研究者如陈志让教授就说:兵养得愈多愈好,军阀的权力愈大;一旦释了兵权或失去了兵权,军阀连自己的生命财产也难以保存。失掉了兵权的军阀的处境比破了产的企业家更危险。

第四,各树派系,荣损与俱。

北洋军阀内部为了权力分配而各树派系。他们利用幕僚、门客、同乡、同学、师生、姻亲和结义拜盟等封建关系结合在一起,相互依附,进行种种争权夺势的活动。北洋军阀集团在创建时期就有北洋武备学堂学生的纠集,显示其举足轻重的作用,至民国以后,除车庆云一人外,这一伙人都得到了省长的位子,这是同学关系的结合。但是,这种关系并非绝对牢不可破,往往随着权力的不断再分配而使原有的关系发生变化,并形成派系间的倾轧。如段祺瑞与曹锟是保定军官学校同学,但分别是直、皖两系的首脑,在矛盾趋于尖锐时,甚至可以兵戎相见,直皖与两次直奉战争都是明显的例证。直皖战争中,曲同丰以老师之尊被他的学生吴佩孚所俘而成为阶下囚。不过,当损及整个集团的根本利益时,又可重修旧好,如直奉的"反赤"联合。北洋军阀集团内部各派系都奉行"一朝天子一朝臣"的信条。一人得道,鸡犬飞升;一朝失势,树倒猢狲散。所谓"一荣俱荣,一损俱损",正是北洋军阀集团派系势力消长的真实写照。如袁世凯死后,北洋军阀集团内部明显分裂。段祺瑞以资深继起,权倾中外,门生故吏、亲信爪牙无不飞黄腾达,窃居要津,平步青云,不可一世,因而被视为皖系军阀。但当直皖战争后皖系失败,直系登上北洋政府舞台,于是直系人物沐猴而冠,弹冠相庆;而皖系要员如徐树铮、吴光新、曲同丰、曾毓隽、段芝贵、丁士源、朱深、王郅隆、梁鸿志、姚震、李思浩、姚国桢等则被明令通缉,身同罪犯,狼奔豕突,声名狼藉,几无立足之地。

北洋军阀集团不是单纯的军事集团,而是对政治、军事、财政、外交诸方面都具有操纵控制权的集团,所以它不是清一色的军事集团。它除一批愚而自用、狡而弄权、形形色色的赳赳武夫外,还有一批推波助澜的政客帮闲。这些人厕身于军阀幕下,为之密谋划策,而军阀也依靠这些人为左右手而呼风唤雨。两者狼狈为奸,同恶相济,给民众带来了深重的灾难与祸害。如阮忠枢入袁世凯幕未久,就被袁世凯大加倚任,新军军制饷章、文牍机务,都由他经手。阮忠枢一直为袁世凯办理切身政务机密,充当袁世凯与文武部属间的联络人员。袁则赞誉他"才长心细,学博识优"。徐世昌是袁世凯的高级谋士,为袁世凯起草文告,制定策略,密谋措施,无不用心,成为北洋军阀集团的轴心人物。袁世凯总统府秘书长梁士诒综揽中枢,又兼理金融,事权之大,罕有其匹;"洪宪制"时更组织"各省请愿联合会",假民国之名,推戴袁世凯为"中华帝国皇帝"。袁世凯还网罗了杨士骧、杨士琦、孙宝琦、杨度、赵秉钧、陈璧、胡惟德、朱家宝、吴重熹、周学熙、田文烈、张一麐、曾广钧等辈,作为自己的亲信僚属,结成一张"爪牙布于肘腋""腹心置于朝列""党援置于枢要"的政治罗网,撒向全国,这种古无今有的局面正是北洋军阀集团势力迅速膨胀的重要因素之一。

第五,纵横捭阖,制造政潮。

北洋军阀集团为巩固和加强本集团、本派系和个人的权力与利益,不仅凭借军事实力,而且还要弄政治手腕。辛亥革命以后,由于资产阶级民主观念普及全国,得到广泛传播,即如北洋军阀集团的匹夫悍将也不得不以虚伪的姿态,盗用民主旗号,利用国会、议员、宪法、选举等等作为牟取集团和个人私利的工具,纵横捭阖地进行各种活动。他们把政局搞乱,以从中取利,巩固和加强自己的权力。袁世凯当政时,亲手导演了8次阁潮,无不为其走向帝制扫清道路。袁世凯始而以"政党内阁"之名,行"内阁政党"之实,对盲目相信其民主伪装而欲真诚贯彻"政党内阁"的宋教仁则视为政敌,不惜使用卑鄙的暗杀手段对付之;继而以"府院一体"之名,行"屈天下奉一人"之实,对欲执行"责任内阁"的唐绍仪,虽属旧僚故吏也不惜罢黜;终而收买政党,盗用名义,组织团体,请愿威胁,包围国会,强迫投票以实现洪宪帝制。及至帝制破灭,他又要段祺瑞"树责任内阁之先声,为改良政府之初步",以应付危局,保全颜面。可是,这个一生玩弄权术、左右逢源的北洋军阀集团首脑终于心劳日拙,在自己视若股肱的亲信部属段祺瑞面前碰壁,被全国的反袁政治浪潮所吞没。玩火者必自焚,史有明训。

段祺瑞继袁世凯而起,一仍故智,始则纠集"公民团",包围国会,殴辱议员,强迫通过"参战案",借以组练"参战军",扩充和加强皖系的兵力;继而策动"督军团",制造"张勋复辟",以树自己"再造共和"之功,并弃置国会与《临时约法》,公然宣称"一不要约法,二不要国会,三不要旧总统";终而组织安福俱乐部,制造安福国会,操纵选举,以图控制全面政权,走上巅峰地位。但不幸被其后辈吴佩孚所击败,不得不息影政坛,遁迹津门,以图伺机再起。

吴佩孚是北洋军阀集团中继袁、段而后的中心人物。他既是能征善战的干将,又是制造政潮、玩弄权术的能手。1920 年 8月,当南北对峙、并立政府时,他通电全国,提出召开"国民大会"以解决国是的政治主张,企图制造一个政治工具来建立以他为中心的政府。这一企图由于张作霖的反对而未能如愿。第一次直奉战争前夕,他为了打倒奉系,先对由日本和奉系支持的梁士诒内阁制造"倒阁"政潮,后与奉张进行电报战的政治攻势达三个月之久,为第一次直奉战争击溃奉系作了舆论动员。

张作霖虽然出身草莽,但也涉足于政潮之中。他除了在幕后支持梁士诒、潘复之流组阁以控制政权外,还在第二次直奉战争获胜后,制造了一个临时执政府,又虚伪地拥戴皖系首脑段祺瑞出任执政,并由段祺瑞出面召开"善后会议",作出裁军息战的姿态,对人民进行政治欺骗,这个由张作霖制造的执政府不过是他以政治为儿戏所制造出的一个不伦不类的政治畸形儿而已。

由于北洋军阀集团的玩弄政治,致使政潮迭起,内阁更易频繁,在短短 16 年中,内阁更换 46 次,正式上任和代署的阁揆达29 人之多,多则三两年,少则数月,与明朝亡国之君崇祯十七年(1644 年)间易揆数数,可称后先媲美。是以政令纷更,社会动荡,人民不仅身受战火兵乱之苦,还要日日处于惶惶不安的心态之中。

第六,卖国媚外,残民以逞。

北洋军阀集团以出卖国家利权,换取帝国主义的支持来扩充实力,进而建立反动统治,控制和操纵政权。袁世凯在清末就以出卖路权来乞求帝国主义的培植,当时,由于他已在清廷中枢具有举足轻重的作用,因而成为日本企图在上层培植亲日势力的对象。日方一面敦促他招聘日本顾问,派遣留日学生,一面又向他提供新式武器。辛亥革命以后,他为了镇压革命,统治人民和为一姓的尊崇而谋实行"洪宪帝制"时,更不惜以国家权益换取善后大借款和接受日本的"二十一条"。

段祺瑞是继袁世凯之后,经日本帝国主义一手扶植的亲日势力。在皖系军阀掌握北京政府实际权力期间,皖、日之间在政治、经济、军事各方面进行了多次大宗交易。据日方已公布资料,段祺瑞向日本进行各项借款达3.8亿余日元。他为适应日本的需要而以参战之名获取日本经济上、政治上的"援助",编练了参战军3个师;他还肆无忌惮地与日本签订陆海军军事协定,允许日本在华驻军,并享有指挥中国军队的权力。直奉军阀也都竞相投靠帝国主义以换取政治上、经济上以及军事上的支持和援助。

正是由于北洋军阀集团和帝国主义在政治、军事和经济各方面相互勾结,遂使二者的利益紧密地联结在一起。于是,帝国主义便以政治上的承认与支持为条件而对其统治下的政府颐指气使;以军事上的资助军火,派遣顾问,训练军队而得以操纵武装,制造军阀混战;以经济上的借款设厂而得以劫取利权资源,终于使中国成为帝国主义掠夺、奴役的对象。军阀们则由于借助帝国主义的支持和资助,可以编练军队,增强实力,进而极大地满足帝国主义的予取予求,充当政治买办来巩固既得利益,并

1918 年 4 月间,段祺瑞对南方用兵,湖南醴陵十字街遭战争破坏情状。

进一步攫取更大的权力。二者日益紧密的勾结,使中国进一步陷入半殖民地的深渊,丧权辱国,连年战乱,给人民带来了更加深重的灾难。

北洋军阀集团在卖国媚外的同时,对内则施行凶残酷虐的统治,即以袁世凯的军警执法处而言,屠戮残害之罪恶,罄竹难书。百姓衔冤负屈,为数累累。至于连年混战,荼毒生灵,残害地方,破坏生产,尤不可胜言。如1918 年 4 月间,湖南醴陵因混战而遭杀害的即达 2 万余人,地方的破坏尤为惨重。混战的耗费更是数额惊人,而且岁增不已。据 1925 年初段祺瑞任临时执政不久的一项统计,年军费支出已达 2.2 亿元,较之 1916 年的1.422 5 亿元,已增多 7 775 万元。

巨额的军费,再加上所有军阀无不过着奢侈淫逸的生活,这些沉重的经济负担最终无不转嫁到广大民众身上。军阀们利用

19

种种搜刮方式来开辟财源以解决其开支问题。他们的搜刮方式主要有：

（1）举借内债。据统计，自1912至1926年，北京政府共发行28种公债，总额达876 792 228元，实发行额也达612 062 708元。这些都是有借无还的官债。

（2）勒征苛捐杂税。其名目繁多至数十种，难以历数，而且年年增加。据统计，仅1924年四川的盐税附加税就有26种之多，1914年以后，河北省还创行了烟酒牌照税和印花税等。

（3）滥发纸币票券。张作霖在东三省、直隶等省滥发奉票。吴佩孚在湖北加印官票、金库券、军需兑换券；在河南发行400万有奖库券，分配各县，强民购买。其恶果是通货贬值，票券形同废纸，物价腾涌，人民生活困苦。

（4）栽卖鸦片。强迫种烟征税，是军阀们普遍采用的阴险毒辣手段。陕西眉县、宝鸡及西部各县，对所有农户，不论种否，一律征收鸦片税。湖南湘阴、石门等县，对违抗种烟令者，"除罚洋以外，竟有处以死刑者"。这笔收入相当庞大，如1924年，甘肃每亩鸦片烟税为8元至15元不等。陕西的烟税比田赋要高3至4倍；刘镇华督陕时，虽仅辖十数县，而烟税收入年达1 500万元以上。尤为恶毒的是，他们还动用武装贩运鸦片，不仅牟取暴利，还流毒各地，戕害生命。

他如田赋预征、兵差折价、临时征发、岁时犒劳等等，无不出自民脂民膏。人民陷于朝不保夕、辗转呻吟的绝境。

从上述六大特点看，北洋军阀集团无疑是一个反动政治军事集团。它在辛亥革命前后各16年的历史进程中主要扮演了历史舞台上为人唾骂的丑角。当然，在这32年中它曾起过的某些客观作用，仍有必要作出应有的估计。

北洋军阀集团历史作用的估计

北洋军阀集团在清末是维系晚清十余年统治的一大支柱。20世纪初,清朝政府的各种险象毕露,已呈摇摇欲坠的衰落之势。但北洋新军的编练颇著成效,使清朝政府陶醉于有所依恃。大多数人也幻想通过袁世凯和他的武装势力能把阢陧不安的局势稳定下来。

北洋军阀集团也是辛亥革命时期转移政权的主要力量,如果不是凭借这支军队纵横捭阖,清朝政府是否能交出政权还是值得考虑的。正由于这支军队当时已具备左右清朝政府存亡的实力,所以清朝政府才无可奈何地让位,也正由于这支军队对局势的威慑力量,才成为迫使革命者退让的重要原因,从而使袁世凯轻取了对中华民国的统治权。

北洋军阀集团还是中华民国统一政权的实际控制者,这个统一政权一直被习惯地称为北洋政府。在国内,它是一个军阀政权,但对外它终究是中华民国的合法代表,是16年统治时期的对外统一体。如果不承认这一点,在对外问题上就不好处理了。北洋政府是掌握中华民国政权16年的实际统治者,是作为中华民国政权代表的实体。

北洋军阀集团所掌握的北洋政府是由统一走向再统一的一个过渡。清朝统一政权覆灭后,它在走向国民党政权再统一的过程中发挥了应有的过渡作用,因为从统一到再统一的过程中,分裂、割据、混战是历史上常见的现象。汉经三国到晋,

21

唐经五代至宋,北洋时期正类似这样一种过渡。

北洋军阀集团作用最值得肯定的一点是军制改革。北洋军阀集团在改革旧军制上是起了重要作用的。我们对历史现象、历史人物值得肯定与否的着眼点就是看它比前人是否增加了新东西。北洋新军确为前所未有,它使中国的军制摆脱了旧有的落后与陈旧的状况,虽然它还有很多不完善,但终究是朝前走了一大步。

在民国初期的 16 年纷争过程中,北洋军阀集团充当了历史的反面教员,使人们对北洋政府的反动本质有所认识,对人民的觉醒客观上起到了一定的刺激作用。孙中山虽然采取过以军阀制军阀的错误政策,指望以一个军阀打倒另一个军阀,后来甚至不惜联合张作霖和段祺瑞。但是,孙中山在混乱纷争过程中也逐渐认清了北洋政府只是军阀、政客、官僚"三三制"的联合统治。孙中山新三民主义的重新解释与他从联合军阀过程中所得到的现实教训有关。当然,"五四"运动浪潮和中国共产党的建立则是从更广阔的范围和深度反映了民众的觉醒,给孙中山以关键性的推动。在纷争中,各派军阀互相厮杀,自我削弱,终于由国民党政府取而代之,完成了全国范围内的统一局面。

总之,北洋军阀集团对中国社会的破坏,对人民生活所造成的种种灾难,对国际帝国主义的惟命是从和丧权辱国等等,都起了阻碍历史发展的作用。但是,它在改革军制方面的成效是可以给予一定程度的肯定的。

分说

清末的军制改革

改革旧军,从 19 世纪 60 年代开始已经由一些具有维新思想的知识分子提出,如郑观应就曾在所著《练兵》一文中介绍西方编练水陆军的情况,要求中国实行军事改革。不仅如此,皇室亲贵也已看到这一点,如恭亲王奕䜣在同治三年(1864年)四月所上奏折中就提到自强练兵的问题,他认为要治国自强,当以练兵为要。

当甲午战争尚在进行的时候,清政府就已看到旧军腐败而准备有所改进,于是在光绪二十年九月二十五日(1894 年 10 月 23 日),将参与黄海之战的德国陆军军官汉纳根(Von Hanneken)召至北京,备总理衙门咨询。九月三十日(10 月 28 日),汉纳根在与翁同龢、李鸿藻诸人相见时提出三点建议,其中之一即用洋人西械加练新军 10 万,全以新法教练。十月初四日(11 月 1 日),再次会谈具体办法,次日即上奏慈禧太后,并成立督办军务处,以恭亲王奕䜣为首,庆亲王奕劻为会办,李鸿藻、翁同龢、荣禄、长麟会同办理,负责整顿京畿旧军和改练新军,推动实施。十月十八日(11 月 12 日),清政府下令立即开办编军之事,并命胡燏棻会同办理。所以,清末编练新军之议,汉纳根应是始创议者。但是,汉纳根练军 10 万的建议遭到李鸿章、胡燏棻等人的反对,主要的理由是:一则需巨款;二则一支强

25

大军队一旦由外国人掌握,恐难以控制;三则自镇压太平军后,军权一直操在汉族地方官吏手中,如建成 10 万现代中央军队,定会削弱汉族地方官吏实力。胡燏棻就是这部分人的典型代表。他多次上疏反对汉纳根的建议并例举唐代安史之乱,借回纥兵平定叛乱,导致回纥轻视唐朝,后又联兵侵唐一事,以为清廷借鉴;又以李鸿章所借洋将华尔剿太平军得胜后桀骜不驯,不得不赶紧遣散其军为证。清政府接受了这些意见,汉纳根的建议被否定,而由胡燏棻自行试办,并于光绪二十年(1894 年)十二月下旬,即在马厂编练"定武军"。

清政府在甲午战争中的失败,明显地暴露出旧军已不堪一用,于是朝野上下无不大声疾呼编练新军,一时形成"内外交章,争献练兵之策"的风气。朝廷大臣也多认为自强之道,首重练兵,要求更革旧制。当时的重臣、署两江总督张之洞更主张用西法练新军。清朝统治者也对"西法用兵实胜中法"的观点深信不疑。一些帝国主义分子则乘机别有用心地竭力鼓吹西法练兵,清政府的外交顾问福士达(John. W. Foster)就写了一份《整顿中国条陈》,开宗明义第一条就提出"中国目前急务,须先整顿陆军"。同时,英国驻华公使欧格纳(N. R. Oconer)也建议清政府选用"忠廉有才略大臣","练一支劲兵"。于是,清政府为求维护与延续其统治,于光绪二十一年四月十四日(1895 年),针对张之洞对战局分析的长篇奏议而下"自强诏",要求对练兵、筹饷两大端,实力研求,亟筹兴革。事隔两天,光绪再一次下"罪己诏",并重提了练兵、筹饷二事,期望认真施行。

编练新军的实验

在一片编练新军呼声的推动下,清政府开始在北方编练

"定武军"，在南方编练"自强军"。而"定武军"则是北洋新军的前身。

在举国上下震惊中国惨败于蕞尔小国日本时，连统治集团内也有不少人认为旧军已失去效用，军制改革已是当时的重大举措，于是纷纷议论，并向朝廷分析弊端，要求练兵，其中以为李鸿章操办洋务的要员胡燏棻表现最为突出。

胡燏棻，字芸楣，久以谈洋务著称，是李鸿章赏识的淮系官僚，历任广西按察使、总理各国事务大臣及邮传部侍郎。他在任广西按察使时就抨击募兵之腐朽是"急于成军，不暇选择，乞丐无赖，驱以赴敌，一经临阵，望风而遁，反以利器资敌，沿途更肆焚劫"。胡曾参与光绪二十年（1894年）十月间与德国军官汉纳根争论如何编练新军问题，得到清政府与李鸿章的支持而得到练兵权。这年底，胡即受命在马厂练新军"定武军"3营，规模虽小但步骑炮工俱全，用费自较汉纳根建议为省，于是受到清政府的"颇见成效"的赞扬，并得到督办军务处的批准，扩充为10营5 000人，包括步队3 000人，炮队1 000人，马队250人，工程队500人，实际人数共4 750人。这些兵士都先后由天津、山东等地招募而来，参用西法教练。

光绪二十一年（1895年）闰五月，甲午战争已告失败，时任顺天府尹的胡燏棻就其练兵思想结合局势危急上疏，论变法自强十事，第八事就是"创练新兵以资控驭也"。胡燏棻在这条建议中具体指出应痛改的积习四条：①统兵大将克扣军饷；②临事招募，不加培训；③购办武器规格不一；④攻守之法，沿用旧习。胡燏棻在对积弊的认识基础上，对如何改革军制和编练新军提出了训官、练兵、放饷和简器四法，并在此四法的条件下，决定了新军编练的规模是：

北洋宜练兵五万人为一大枝,南洋宜练兵三万人,广东、湖北宜练兵二万人,其余各省,每省有万人,已敷调遣。务须扫除积弊,习练操法,统归一律,庶征调乃能得力也。

胡燏棻的这份近万字的"万言书",对晚清军制改革是一件重要文献,对破旧立新起到了耸动视听的作用。

"定武军"于光绪二十年(1894年)冬在山东、河南、口外、朝阳及京津附近招募兵勇开始编练时,屯驻马厂。光绪二十一年(1895年)九月初,"定武军"因马厂营房不敷应用而移驻小站,设立营盘,开始了所谓的"小站练兵"。

"小站",是距天津东南70里的一个小镇——新农镇。李鸿章镇压捻军以后,指令淮军周盛波、周盛传部(称盛军)在小站驻扎屯田。周盛传,字新畲,安徽合肥人,是淮军的重要将领,光绪元年受任天津镇总兵,驻军城东小站。因小站开通新河90里以达大沽海口,分辟小河十数支,上接南运减河,减河左右开沟渠,俾农民易于引灌。又于小站下开横河门,建桥闸30余处,分运河盛涨,下汇海潮,借淡刷咸,得稻田6万余顷。濒河两岸,田亩悉变斥卤之旧,民利赖之,至今小站犹有"周公祠"。

"定武军"的各级军官大都是淮军将领,同时还选拔了天津武备学堂毕业生何宗莲(总教习)、吴金彪、曹锟、田中玉、刘承恩等担任教习或军官,购置西洋先进武器,又聘请德国军官沙尔等为教习,根据德国陆军操典进行训练,力求以新的装备、新的武器、新的训练,形成新的阵容。这支定武军于光绪二十一年(1895年)十月二十二日为袁世凯所接管,成为"北洋新军"即"新建陆军"的前身。它是北洋军阀武装力量的奠基石。由此看,晚清首练新军的应是胡燏棻的"定武军",而袁世凯继统

小站练兵营盘示意图

后,规模日甚,成为海内外知名的一支新兴武装力量,而"小站
练兵"也成为袁世凯一生事业的桂冠,掩没了胡燏棻的首建
之功。

袁世凯宣传练军主张

袁世凯(1859～1916年),字慰庭(亦作慰亭或慰廷),别号
容庵,河南项城人,出身大官僚地主世家。叔祖父袁甲三、生父
袁保中、堂叔袁保恒和嗣父袁保庆,都参与过镇压民众反抗的活
动。袁世凯自幼受这种环境的熏陶,养成了一种善于投机钻营
的"机智"。同治十二年(1873年),他随袁保恒(官至刑部侍

北洋新军时的袁世凯

郎）到北京，一面读书，一面帮其办事，又谙熟了清末官场上一套虚伪、奸诈的作风。他曾两次应试，均名落孙山。于是，他决心选一条通过"军功"而登仕途的道路。光绪七年（1881年）五月，袁世凯去山东，投靠在嗣父袁保庆的把兄弟、庆军统领吴长庆的幕下，谋求仕进之机，受到吴长庆的赏识，充当营务处会办。次年，朝鲜发生"壬午政变"，袁随庆军开赴朝鲜，负责前敌营务处，表现颇有"才能"，被吴长庆赞许为"应变良材"。他在朝鲜协助吴长庆镇压了"开化党",自诩长于兵事而为朝鲜国王训练"新建亲军"。光绪十年(1884年),袁世凯受到李鸿章赏识。李夸奖他"胆略兼优,能识大体",并于光绪十一年(1885年)十月,保举他担任驻朝总理交涉通商事宜专员,办理中朝交涉事务。光绪二十年(1894年),日本在朝鲜加紧挑衅,战祸一触即发,袁世凯十分恐惧,8天之内连发6份电报,请求速调回国,并准备"改装易服,搭乘美国商轮返国"。经过反复活动,恰好总理衙门希望听取关于朝鲜形势的报告,便奏准将袁召回。六月十七日袁世凯得电,便匆匆启程回国。回国后仍以温处道职务留京,充督办军务处差委。

当时,善于投机逢迎的袁世凯,一方面利用清朝旧军的连续败绩,内外臣僚纷纷上奏,争献练兵良策,迫切要求整顿武备、编练新军的强大社会舆论,向有实力的官僚建议练兵。光绪二十年十一月二十四日(1894年),他曾向盛宣怀建议筹款募兵、用西法军制练兵,并表示自己愿任监督;另一方面,抓住清廷正鉴

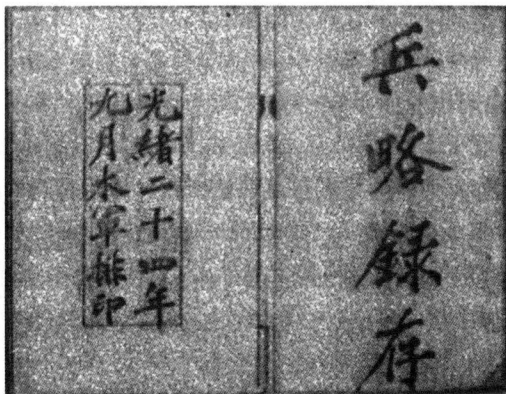

小站练兵时袁世凯所撰《兵略录存》

袁世凯所撰《新建陆军兵略录存》

于旧式湘、淮军不足恃,急于速建新军,以维护其统治的心理,便在等候差使的间隙,抢先招致幕友,以效法西洋为主,译撰兵书十二卷,上书督办军务处,陈述练兵办法及营制饷章。这些章制包括《练兵要则十三条》《新建陆军营制饷章》和《募订洋员合同通稿》等,其中《练兵要则十三条》是袁世凯对编练新军的一种完整设想,举凡军律、饷制、器械、募兵、规章、教育、用人等方面均有较清楚的说明。《营制饷章》按步、马、炮、工程等营以及督练处所属的官弁员额及饷额多少均作了比较详细的规定。而《募订洋员合同通稿》则是为聘请洋员时所规定的合同格式。除此以外,还有许多编练新军的章制、禁令、训条及操法等。所有这些练兵文件,后来都汇编在光绪二十四年(1898 年)九月由袁世凯印行的《新建陆军兵略录存》之内。

袁世凯曾把他所编写的练军文字,遍向当朝显贵散发,以博取"知兵"的虚名,致使当时颇具能名的刘坤一、张之洞等封疆大吏也先后上奏,一致认为他"年力正强""志气英锐""胆识优长""任事果敢",是少有的"知兵文臣",要求委派他编练新军。袁世凯又层叠纳交,上下贿赂,终于走通了庆亲王奕䜣、兵部尚书荣禄和军机大臣李鸿藻的门路。奕䜣是执掌政权的皇室亲贵,他慑于甲午战败而谋求加强军事力量,袁世凯到处鼓吹练兵要略,奕䜣自然乐于网罗为己所用。荣禄是西太后的宠臣,又是军务处的实权派,袁世凯就投靠其门下。李鸿藻虽与李鸿章龃龉不合,但也在物色知兵者,袁世凯就见机专门致函李鸿藻,反复陈述练兵之道,以投其所好。因此,李鸿藻也认为袁世凯的整旧练新计划"有可取之处",不久就奏调他到军务处差遣,以备顾问,使袁世凯顺利地正式踏上了执掌编练新军大权的阶梯。

袁世凯与"新建陆军"

正在袁世凯跃跃欲试,伺机而动的时刻,原来负责编练定武军的胡燏棻被调去督办津芦铁路,于是就在光绪二十一年十月二十二日(1895 年 12 月 8 日)由督办军务处亲王奕䜣、奕劻会同军机大臣李鸿藻、翁同龢、荣禄、长麟等联名奏请变通兵制,并保荐袁世凯编练新军。同日,此份保荐奏折得到光绪帝的批准,于是,袁世凯就在举朝上下给予信任的气氛中,制定了一整套军制规章,志得意满地到小站去接办胡燏棻创建的"定武军"。

光绪二十一年十一月初一日(1895 年 12 月 16 日),"新建

北洋新军工程队装备

陆军"成立，袁世凯正式接练新军。袁世凯早自十月二十二日
(12月8日)奉命接统"定武军"后，当日即出都到小站接任，根
据原来拟定的聘请洋员合同与新建陆军的营制和饷章，开始了
经营武装势力的活动。他将原有包括步队3 000人、炮队1 000
人、马队250人、工程队500人共计4 750人的"定武军"进行扩
编，并在当年派副将吴长纯等分往淮、徐、豫等地，用新定章制，
按照格式，选募丁壮2 250人，分编为步队2 000人、马队250人，
又派都司魏德清等赴新民、锦州、昌图等地募骑兵300人(并购
买马匹)，计7 300人，定名为"新建陆军"；又续聘洋员至10余
人，诸如德人巴森斯参赞营务兼管教练事宜，伯罗恩担任德操教
习，祁开芬担任炮队教习，曼德担任马队教习；又设立德文学堂，
由慕兴礼、魏贝尔担任教习；并全部改用标准化的新式武器，加
强训练和后勤补给。光绪二十四年(1898年)九月，又添募新

兵2 000人,除补充各营外,在光绪二十五年(1899年)三月又增编辎重兵一营,加强了新建陆军的战斗力。

这支军队依照德国陆军建制,按镇、协、标、营、队、排编成;具有步、骑、炮、工各兵种;严格选募士兵,提高了部队素质;由军事学堂出身,具有当代军事知识的人充任军官。经过比较严格的训练和演习,与旧军面貌完全不同,这支被命名为"新建陆军"的军队是中国近代新式陆军的开端,是对旧军制的一种改革,由此正式奠定了北洋军阀的基础。

新建陆军以督练处为领导机构,袁世凯自任督办,下设参谋、执法、督操三个营务处,分别由徐世昌、王英楷、梁华殿担任总办。

新建陆军的编制:营制分为左翼、右翼(翼相当于旅),翼设统领二人管辖。统领下设分统一人,分统训练步、炮、马队、工程各营;营设统带(相当于营长)一人,帮统一人,专辖约束。左翼步兵二营、炮兵一营,右翼步兵三营、骑兵一营,共七营。骑兵每营四队,炮兵三队;营下设队(相当于连),队下设哨(相当于排);队设领官一人,哨设哨官或哨长;哨下设棚(相当于班),棚设正副头目。计每营官弁46员,头目兵丁1 008名,方案、委员各6员,正、副医生各1员,书识12名,护勇96名,号兵24名,伙夫72名,长夫282名。最高处设"总统一人"督率全军,此人就是袁世凯。

值得注意的是,新建陆军有一套完整的后勤体制,从督练处到步、马、炮队都有专管后勤的供应机构与人员。在督练处下的粮饷、军械、军医、转运四局都有明确的编制与饷银。各队所属营均设有后勤人员,如军械委员、粮饷委员、正医生、副医生、马医生及粮草委员,都直接由督练处所属各局的总办及各医官调遣,构成上下沟通、直接指挥的体制,这是新建陆军战斗力较旧军为强的一种重要变革。

新建陆军设有参谋职能、电讯联系和军乐队等,这些是旧式陆军所没有的。新建陆军还在营规中规定了士兵在营期间请假、伤病给饷和阵亡赏恤的具体办法,这较旧式军队也是一种进步。

袁世凯还制定了《斩律十八条》,要求士兵"谨守法度"。律令的主要内容有:"临阵回顾、退缩及交头接耳私语者斩;遇差逃亡,临阵诈病者斩;结盟立会,造谣惑众者斩;持械斗殴及聚众哄闹者斩;黑夜惊叫疾走乱伍者斩"等,说明对军队的管制比较严格。

从 1895 至 1899 年袁世凯在小站督练新军,是为北洋军阀的胚胎时期。后来北洋军阀的许多头目,都与袁世凯在小站练兵最初拼凑的班底有深厚的渊源,而其中的核心人物主要是北洋武备学堂的学生,如段祺瑞、王士珍、冯国璋等都自北洋武备学堂毕业。冯国璋曾去日本,段祺瑞曾去过德国考察,学习军事,都是当时具有一定近代军事知识的人,这些人先后被袁世凯重用,成为他的忠实爪牙。特别是谙习德国兵制、"为当时所推许为军事学第一"的段祺瑞,更是受到袁世凯的青睐与倚重,把教练新军之事全都委托给他;原"定武军"中的下级军官曹锟、卢永祥、段芝贵等也都被袁世凯提拔,委任以领官、统带等职务;另外还有张勋、倪嗣冲等旧军人前来投靠,愿为袁世凯效劳卖命,也受到任用。至此,新建陆军大体构建完备,形成了北洋军阀这样一支武装势力。新建陆军不仅是袁世凯攫取权力的资本,而且也为日后北方两大军阀派系——直系和皖系提供了领导层人员,同时为这两派系的形成开其端倪。

段祺瑞

　　光绪二十四年(1898年)戊戌政变后,荣禄获得直隶总督兼北洋大臣的职位和节制京畿地区各种军事力量的权力。袁世凯为加紧依附荣禄,积极建议将在直隶的毅军、甘军、武毅、新建四军加上新募的八旗旗丁作为亲军,分编为武卫军,由荣禄统领。新建陆军被编为武卫右军,人数达万人,是武卫军中最强的一支。

　　新建陆军改编为武卫右军后,因其他各军尚为旧军编制,所以在一些文书中仍称之为新建陆军,继续在小站练兵。光绪二十五年(1899年),山东地区爆发了义和团反帝爱国运动。3月28日,袁世凯奉命率所部武卫右军万余人自天津开赴山东德州

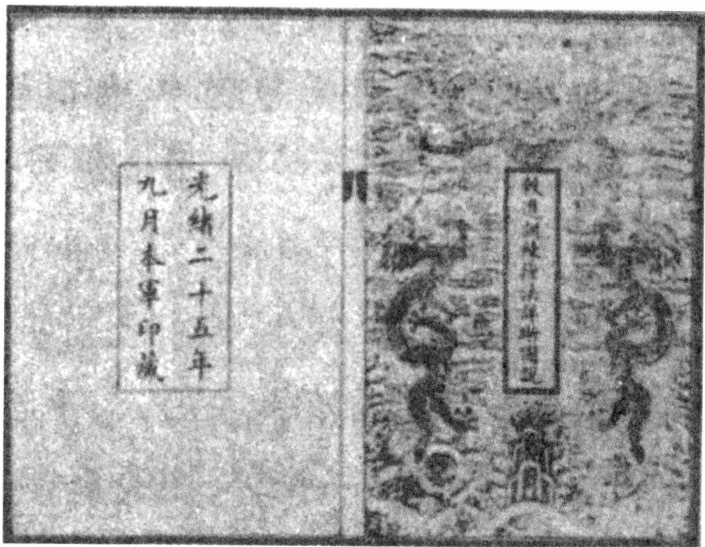

《敕进训练操法详晰图说》书影

一带,镇压义和团运动。4月11日,袁世凯在途中向清廷上奏,揭示练洋操的弊病及改正办法,并请在全国范围内公布统一的军事规章,"参仿各国戎政,详拟兵法、操法、军规、器械,立定划一章程,请旨颁发各直省军营,一体遵照,认真训练,既不得有名无实,尤不可稍参成见"。4月15日,清政府秘密指示袁世凯草拟一份报告以备参考。袁世凯即于5月间亲自主持编撰《敕进训练操法详晰图说》,参加纂校工作的有段祺瑞、冯国璋、王士珍以及阮忠枢、言敦源、吴筱荪、陆建章等46人,7月18日完成呈进,7月21日即得到朝廷"留览"的批谕。

《敕进训练操法详晰图说》继承和发展了湘、淮军的营规,成为清末编练新军的教科书。它在《训练总说》中陈述了袁世凯练新军的指导思想:"训以固其心,练以精其技","兵不训罔知忠义,兵不练罔知战阵"。《训将要言》指出:"受朝廷之禄位,当思所以图报";《训兵要言》又强调:"自顶至踵,何莫非朝廷之赐?尔不为兵,尚应图报,今且应募而来,坐食厚饷矣,不知效忠,何以对尔祖父?"《敕进训练操法详晰图说》大量抄袭西方国家的军事操典,是"中学为体,西学为用"在军事上具体运用的典型。

《敕进训练操法详晰图说》印本为十二册,光绪二十五年(1899年)武卫右军印藏。它从训和练两方面详细记载了该军训练,攻守,驻扎,步队操法、枪法、阵法、战法,炮队操法、炮法,马队操法、阵法、战法,工程队操法及沟垒说、电雷说、测绘说,并练兵要则、格式、饷章、规则律令及条教等。图文并茂,通俗易解。根据这部《敕进训练操法详晰图说》进行规范训练,新军日趋强壮,经由北洋常备军和北洋六镇的过程,终于成为清末举足轻重的武装力量。

新建陆军的特点

袁世凯所督练和亲自统率的这支"新建陆军"是与湘、淮军一脉相承的,与淮军的关系尤为密切。它录用了部分淮军将佐僚属,吸收改编了淮军营伍,接管了部分淮军经营、作为饷源的企业。这些都为"新建陆军"的迅速建成与发展,提供了有利条件。然而,袁世凯并没有完全停留在接受"遗产"的守成地位,他在"公法非御人之具,铁血为经国之谋"的"军国主义"思想指导下,对新建陆军苦心经营,增添了旧军所没有的内容,使之别具特点。

(1) 重选募

袁世凯在开始编练新军时就认为,兵力强弱,首在选募,因

此,不准招募曾经出入于防练各军的游勇溃卒。袁世凯公布《募兵告示》,明确宣示募兵的格式、饷章、规制、律令,其格式是:

① 年限二十岁至二十五岁。

② 力限平托一百斤以外。

③ 身限官裁尺四尺八寸以上。

④ 步限每一时行二十里以外。

⑤ 取具邻右保结。

⑥ 报明家口住址。

⑦ 曾吸食洋烟者不收。

⑧ 素不安分、犯有事案者不收。

⑨ 五官不全、手足软弱、体质多病及有目疾者不收。

这一格式的规定表明袁世凯希望招募合格的士兵,以改变军队的素质。

(2) 厚薪饷

袁世凯早在小站练兵时,就主张由专人直接厚发薪饷给士兵。

"新建陆军"的步队薪饷,在招募时规定:中选待齐之前,发小口粮大钱每日 100 文;募齐开差后,小口粮每日发大钱 150 文,头目 200 文,有能粗通文墨者,口粮照头目例;到营后,正头目月饷 5 两 5 钱,副头目 5 两;正兵 4 两 5 钱;伙夫 3 两 5 钱;长夫 3 两,米价在内,柴价在外。其炮队、马队薪饷尚较步队为高,洋员(13 人)月需 4 000 两,翻译(13 人)月需 1 000 两。在旧军中,官弁层层克扣士兵薪饷,普遍引起士兵不满,甚至兵变。袁世凯很明白,要使军队忠于个人,主要是靠保证按月定期发给厚饷,再加之小恩小惠。他不许营员插手放饷,由饷局事先分别包好,按名册发放,发放时"传派营务官一二员前往各营监视发给,兵丁直接领饷"。袁世凯自以为这样可以"百弊不生"。

为了笼络军心,袁世凯还在募兵告示中宣示了士兵伤病、死亡所能受到饷银的优遇,其规制是:

① 兵丁在营三年,因事请假者,给假三个月,并发三个月本饷;遇有征调,概不准假,俟差完补给。

② 兵丁积劳成病及打仗受伤者,医局诊治给药,分等优赏,仍支原饷;在营病故者,给埋葬银十两;阵亡者,赏恤二年本饷。

为了笼络部下,袁世凯在"新建陆军"的章制中实行所谓"兼充制度",即"统领以各分统兼充,分统以各营统带兼充,冀可省官节费",实际上袁氏借此来控制其部属,凡是他认为顺从、可靠的将领便擢升兼充分统或统领。按照新建陆军章制,营统带兼充分统后,就可每月增加薪水银与办公费284两,分统兼充统领每月亦可增加薪水银与办公费260两。在新建陆军中还规定:各标、营、排、队诸长,如干犯军纪,表面撤任,但仍给以津贴,并委为听差员,如遇出缺,仍得补还。由于各级军官的官禄升降都由袁世凯的喜怒而定,他们对朝廷的忠心很自然地转移到袁的身上,形成了对袁世凯个人的效忠和依附。

(3) 育将校

袁世凯在接练新军之始即上书军机大臣李鸿藻,提出"广设学堂,精选生徒,延四人著名习武者为之师,严加督课,明定官阶,数年成业"的建议,于光绪二十二年(1896年)在小站办起德文、炮队、步队、马队四所随营学堂,统称"随营武备学堂"。当年初,袁世凯在正兵内考选"粗通文字者二百三十余人",以 80 人学炮兵,80 人学步兵,24 人学骑兵,50 人学德文,于四月初一日一律开学。各学堂均聘请德国军官担任总教习,由段祺瑞担任学堂总办兼炮科监督,规定学习期间两年,毕业生除学德文准备去德国留学外,其余都"选充官弁";学生每季大考一次,监考官、阅卷官和巡查官都由袁世凯亲自派定,一切规矩如同科场,优等者加薪受奖。为了收买人心,袁还从自己每月的薪金中取出三分之一(200 两)作为奖学金,随时发给,不再另请开支。从这四所学堂中,袁培养出一批军官,如靳云鹏、贾德耀、傅良佐、吴光新、曲同丰等,这些人后来都成为北洋政府的显要,而与主持学堂教务的段祺瑞始终保持一种密切的僚属关系。后来,从这批军官中又挑选一些人送到日本留学,其中著名者有孙传芳、张士钰、张树元等。

袁世凯还很注重官兵的在职教育,光绪二十二年(1896 年)五月初六日开办讲武堂,专门抽调在职的哨官和哨长学习,规定步队五营各哨官长三人,每日轮调一人来讲武堂听讲行军攻守各法,由王士珍、孙鸿甲等"认真讲解,切实考询"。另设学兵营集中练步兵操法,每期 1 至 3 个月。第一期选拔各棚正副头目,从第二期起,每期一营选送正兵 60 名入学,所挑学员均须年在二十左右,性体灵敏结实,兼能粗识文字者为尤佳,并在五月十四日前选竣,受训后仍回本营,备将来官弁头目之选。

袁世凯随营学堂的教育思想,以洋务派的"中学为体,西学为用"为方针。学堂规定忠君、尊孔,禁止进步思想;军事上采用外国技术,照外国典章授以高等学兵,以仿日本、德国为主。

袁世凯编练新军,一开始就把培养将领和笼络死党放在特别突出的地位。他认为,"千军易集,一将难求"。他物色的将领,一部分是宿将,一部分是武备学堂毕业的学生,诸如姜桂题、杨荣泰、龚元友、吴长纯、徐邦杰、任永清、梁华殿等人,皆隶麾下;陈光远、王占元、张怀芝、何宗莲、马龙标、雷震春、王英楷、吴凤岭、赵国贤、田中玉、孟恩远、陆建章、曹锟、张勋、段芝贵等,均属偏裨;徐世昌、阮忠枢亦在幕中参谋营务,以及号称"龙""虎""狗"的北洋三杰:王士珍、段祺瑞、冯国璋也都乐于为他所用。

光绪二十八年(1902年)至三十四年(1908年)间,清政府仅向日本派遣的陆军学生就"不下一千人"。这些人毕业回国后被派到新军充任高级军官或学堂教习,其中不少人后来成了军阀,个别人当了汉奸,也有些人参加了资产阶级革命。光绪二十八年(1902年),袁世凯从武备学堂第三届毕业生中选送55名学生派赴日本陆军学校深造。北洋新军以及山西、河南、山东等省新军的将领,绝大多数是袁世凯的学生,具有浓厚的北洋派系观念。

(4)精装备

袁世凯很注重新军的武器装备,如果仅仅加强士兵的素质教育而没有新式武器也是难以进行战斗的,所以新建陆军的武器,全部由国外购进。炮兵装备德国克虏伯厂出的57厘米过山炮和七生特半陆路炮等;步兵使用奥国造的曼利夏步枪;骑兵使用曼利夏马枪和战刀;军官一律佩戴六响左轮手枪和佩刀。除规定装备的武器外,官兵均不准携带私人武器,并订立若干有关维护武器的规定。对各官及兵丁军衣鞋袜也作了具体规定:服色均须一律黑色,不许参差;靴鞋不着厚底,一律黑色,不许参差;军衣窄小,必须一致等。

(5)严训练

袁世凯在固结派系核心力量的同时,对新军的训练也比较严格,以求掌握一支在争夺权力过程中能发挥"强力"的武装。当时

分
说

43

徐致靖在《密保练兵大员疏》中曾赞美新军的训练是"精选将弁，严定饷额，赏罚至公，号令严肃。一举足则万足齐发，一举枪则万枪同声。行若奔涛，立如植木"。这种记述显然有夸大溢美之辞，但也说明袁世凯为培植将弁和统率私人武装势力用尽了心机。

同时，袁世凯还制订了一套森严的军法军纪。他在《募兵告示》中，宣布了新军的律令：

① 强奸民女者，斩。

② 擅取民物者，斩。

③ 聚众哄斗为首者，斩。

④ 沿途逃亡者，斩。

⑤ 强买民物者，插耳箭。

⑥ 行路离伍者，责。

在入营后，又订立了《行军暂行章程》《操场暂行章程》《兵丁驻扎营内章程》《简明军纪廿条》和《查拿逃兵法》等，涉及训练、行军、宿营各个方面；对"结盟立会，造谣惑众"和"遇差逃亡，临阵诈病"，都要问斩，逃兵一月无下落就追究家属。袁世凯用这种峻法严密地控制其队伍。

袁世凯针对新兵多不识字的特点，特编制了《劝兵歌》，向士兵灌输封建忠孝思想，作为士兵的生活规范。

袁世凯在训练操法上，改变了旧的一套办法，而主张改用"洋法""练洋操"。他多次"劝谕将领讲习西法"，他还通过中国驻德公使，聘用了10余名德国军官，充当新建陆军的教习。另外，专门成立了教习处(后改名洋务局)，教习处的头目巴森斯，负责全军的训练和作战演习。袁对他十分信任，言听计从，演习

徐世昌

时和他各带一军,互相攻守。操场稽查施壁士和伯罗恩,负责操
场训练,袁每至操场校阅,都依靠他两人指点。此外,礼节兼军
械稽查魏贝尔、炮兵教习祁开芬、骑兵稽查兼教习坚固德、德文
教习慕兴礼、号兵乐队总教习高士达等都各稽查一方面。由这
些洋教习定出各种规章制度,又由他们监督实行。"新建陆军"
的技术训练,主要就是在这些洋教习的指挥下进行,从而形成了
"新建陆军"的生存、发展与西方列强在一定程度上具有一种依
附关系。

(6) 结团体

袁世凯对"新建陆军"将领的选用,赤裸裸地采用金钱收

买、拜义父、讲师生、拜把兄弟、结儿女亲家、封官许愿、小恩小惠、安插亲信等种种手法，培植死心塌地的爪牙，造成"兵为将有"的事实。他网罗了根本不懂军事的拜把兄弟徐世昌为第一号亲信，兼管营务处，任命武备学堂出身的王士珍、段祺瑞、冯国璋、何宗莲、杨善德、王占元、李纯等分别任马、步、炮、工、辎、营、哨各官。同时，又提拔了一批小站旧人，如曹锟、卢永祥、段芝贵等，委任领官、统带等职务；对被"革职永不叙用"的甲午败将如张勋、姜桂题、倪嗣冲、田中玉、孟恩远等，也委为新军将领。由此看，"新建陆军"又承袭并大大发展了私人军队的特点。

袁氏练兵处广招封建文人，对弁兵灌输"忠君""尽孝"和"袁大人是我们的衣食父母，我们要为袁大人卖命"等封建思想，要求士兵守营规、勤操法、奋果敢、卫良民、怀国耻、惜军械、敬长官、崇笃实、知羞恶等等，核心就是要把士兵驯服成效忠舍命的工具和奴才。袁还指使其死党在各营房里供设他的"长生禄位"，每天强命士兵叩头行礼，以养成"只知有袁宫保，不知有大清朝"的心理，把新建陆军的全体官兵固结在袁世凯的周围，形成一种以封建关系为纽带的特殊团体，也就是北洋军阀集团中一直盛称的"北洋袍泽"关系。

二十世纪前后的政治风云

1895 年至 1905 年是处在世纪之交的十年,是中国近代社会政治舞台上风云变幻的十年。在这个舞台上,有四种政治力量在展示各自的实力,进行着角逐和斗争。它们分别是帝国主义势力、维护封建统治的势力、民众的自发反抗势力和资产阶级民主革命势力。这四股政治力量主要以加深中国殖民地化和摆脱中国殖民地化为焦点而展开错综复杂的斗争。

帝国主义侵略的新战略

中国在甲午战争中的失败和屈辱,引起了已步入帝国主义阶段的各侵略者的无穷贪欲。他们变换了过去以坚船利炮攻击国门的海盗行径,而以划分势力范围、资本输出、强占市场等为主要手段,力图置中国于完全殖民地的境地以榨取我中华膏脂。这就出现了一般近代史课本中所谓的割地狂潮和开矿设厂、修筑铁路、洋货充斥中国市场等现象,从而引发了帝国主义间为争夺市场和势力范围而产生的矛盾。同时,也使中国的手工业和微弱的民族工业以及广大民众的生计都面临危机,这触动了中国人民自发地反对帝国主义的侵略。这时的封建统治势力尚未完全承认和甘于殖民地地位,于是,各帝国主义为谋求彼此间的妥协和加强对封建统治势力的压力,便在义和团反帝运动之际露出凶残本相,组织八国联军,拿起屠刀,砍向中国人民,烧杀抢掠,把义和团英勇反抗的民众推入血海;胁迫清政府付出巨额赔款、承担不平等义务并向帝国主义俯首听命。接着英、美等国又与清廷订立中英、中美商约,以进一步扩大便于侵略的条件。但是,帝国主义也尝到了中国人民不可侮的厉害,所以又一次变换其侵略策略,认为共同占有和独自吞并均无可能,而寻求代理者以满足其所需求的利益则是当时最实用的策略。当时可供选择的政治力量是以袁世凯为代表的维护封建统治的势力和以孙中山为代表的资产阶级民主革命派。前者所掌握的军事实力和后者的正在兴起的革命波澜存在着明显的差距,帝国主义毫不犹豫地选择了前者;加之袁世凯也有意倾心结交各国公使,于是以德国公使穆默为首的各国异口同声地赞同袁世凯出任北洋大臣,视袁世凯所代表的势力为其侵华政策的支柱和执行人,逐渐形成了中外反动势力相互依赖与勾结的局面。

维护封建统治的两种势力

维护封建统治的政治势力包含着一文一武两种力量。

文的是维新变法势力。进入 19 世纪 90 年代,维新思想已从理论探讨走向付诸实践的阶段。汤震(即汤寿潜)的《危言》、郑观应的《盛世危言》和邵作舟的《邵氏危言》相继问世,发出了变法呼声,提供了变法依据;康有为等一大批知识分子在中日甲午战争失败的刺激下所发动的"公车上书"以及跃登政治舞台所演出的百日维新活动,其目的就是为了在不牵动封建统治政权的前提下挽救国势危亡。这些政治人物不仅没有获得成功,反而由于未能深谙国情,不善于处理宫廷纠葛,对守旧势力的估计不足等原因,使自己成为刀俎的牺牲,也成为另一种武势力的垫脚石。但是,一些幸免于难的维新分子不屈从于武势力,坚持改良信念,演变为立宪派势力,想以宣传、推动君主立宪主张来挽救危亡,不与在政治舞台上已占上风的以袁世凯为代表的政治势力合作,并指斥袁世凯"把持兵柄,擅窃大权,挟制朝廷,排除异己",揭露其野心时说:"一时政权、财权、外交权、陆军权悉归袁世凯掌握,海内侧目,谓其将有非常举动。"要求将其迅予罢黜。

武的是北洋军阀政治军事集团势力。中日甲午战争的失败,举国上下受到触动,内外臣僚,交章上奏,争献练兵良策,强大的社会舆论迫切要求整顿武备,编练新军。光绪二十一年(1895年)十一月初,袁世凯受命在天津小站编练"新建陆军",开始建立北洋军阀势力,活跃于世纪之交的政治舞台上。这股政治势力熟谙政治权术,翻云覆雨,纵横捭阖,善于利用时机。他们为适应社会上的自强要求,统治者要维护其统治的心理,积极改革军制,创办新军,这在中国军事史上是一种进步,也应当承认当时还是包含着一些挽救危亡、维护独立的因素和用心的。这股政治势力随着叛卖维新变法,血洗义和团运动,不仅发展、壮大了自己的力量,也从中逐渐认识到帝国主义之可依恃,丢掉了原有的那点挽救危亡之心;而帝国主义也正在物色代理人,二者一拍即合,使这股政治力量如虎添翼,加速了发展进程。

民众的自发反抗

中华民族有着英勇反抗的优良传统,特别是步入近代社会以来,包括农民、手工业者、会党、知识分子在内的广大民众自发的反抗行动更是屡见不鲜。

1900 年的义和团反帝运动,虽然近年来颇有着眼于其蒙昧落后的一面而加以非议,但是,义和团的勇士们面对帝国主义的凶狠残暴,不惜以血肉之躯,前仆后继地英勇战斗,向帝国主义昭示中华民族不可侮的精神,阻止了中国遭受瓜分豆剖的厄运,这是值得后世加以歌颂而载诸史册的。义和团运动虽然失败,但其影响是深远的。中国人民面对现实而进一步觉醒,洞察了中外反动势力的真面目。1901 年《国民报》上载有一篇题为《二十世纪之中国》的文章,就揭露了帝国主义改变侵略策略,由强压改为利用政治代理人为所欲为,以达到"不劳兵而有人国"的目的,并号召民众自我救亡图存。当时,最为敏感的一大批知识分子赴日留学,寻求救国道理。他们为沙俄强占东北而奋起抗议,海内外纷起响应,形成声势浩大的"拒俄运动"。清廷为之震惊,根据"东京留学生已尽化为革命党"的情报,竟命令"地方督抚于各学生回国者,遇有行踪诡秘,访闻有革命本心者,即可随时获到,就地正法"。但是,民众则激昂愤慨,热诚投身。宣传民主革命思想的作品《革命军》《猛回头》《警世钟》等相继问世,许多具有领袖才能的革命者回国进行组织活动,对近代的民主革命起到重大的推动作用。

与义和团南北呼应而声势尤胜的广西人民大起义是一次以会党为组织核心、以士兵为主体的大起义,其影响至巨,前后经过几近十年,以广西为中心而战火燃遍云、贵、湘、粤四省。清政府用兵数十万,耗款 380 余万两白银。这次起义对清廷打击甚为沉重,以致引起社会上对封建统治岌岌可危的前途作出了预测,称:"吾恐广西之乱,将不仅广西已也。"这次大起义也得到资产阶级民主革命派的赞许,章太炎和孙中山不仅在所撰论文中有所论及,给予较高的评价,而且在革命实践活动中也有直接联系的踪迹可寻。如作为同盟会组成部分的华兴会就在1904年拟乘大起义之机,在长沙起事;同盟会成立后在广西地区组织了多次起义,在群众基础上主要依靠过去经过战斗锻炼的会党和当地一些贫苦群众,甚至还联络了过去广西人民大起义中的领袖,共同策动新的起义。所以广西人民大起义在推动民主革命的发展上,是有一定功绩的。

中日甲午战争后,台湾沦于日人之手,台湾人民在求助清廷失望之后,纷纷组织武装,起兵抵抗。全台各地在吴汤兴、姜绍祖、吴彭年、徐骧、柯铁等英雄人物的领导下,浴血抗战,英勇不屈,爱国史家连横在其所著《台湾通史》中特为诸英烈立专传,并盛赞其"见危授命,誓死不移,其志固可以薄云汉而光日月"。据1948年某报社所编的《台湾年鉴》所载,1895年至1902年8年间的抗日事件就有94起(包括台北32起,台中23起,台南39起),日军则采取血腥屠杀的手段进行镇压。据日人的统计,在1897年至1902年日军屠杀最凶残的六年间,抗日志士被逮捕的有8 030人(一说11 950人),处死刑的有3 473人,这是大大缩小了的数字。台湾民众在近代历史舞台上提刀啸傲,碧血冲天的英雄史剧,惊天地、泣鬼神,使风云为之变色。

随着帝国主义侵略的加深,以宗教为外衣的文化侵略也逐渐深化,其种种罪恶罄竹难书,引发中国民众不断掀起反洋教斗争。甲午战争后,反洋教斗争达到高潮,几乎成为中国民众反击外国侵略的一种斗争方式。其中有代表性的是1898年的四川余栋臣起义。此次起义历时十月,不仅波及四川十余县,湖北也有数县聚众响应,有口号、有纲领、有宗旨、有组织,公开号召:"普海内外,睹时势之艰难,察义民之冤惨,脱目前之水火,逐异域之犬羊。修我戈矛,各怀同责之忠;取彼凶残,同泄敷天之痛。"其他如福建的古田教案、四川的成都教案以及山东的巨野教案、冠县教案等等都是轰动一时的大事件。这些反洋教斗争不仅表现了中华民族的反抗精神,也为更加波澜壮阔的义和团反帝运动起到了重要的先驱作用。

资产阶级的民主革命

中国近代资产阶级民主革命派的领袖孙中山进行政治活动早在甲午战争以前,但是作为一种革命势力跃上政治舞台则在甲午战争之后。

孙中山是长期接受西方资产阶级改良思想教育的知识分子,痛心疾首于清廷的丧权辱国和腐朽无能而产生改良现状的思想。1893 年冬,他和陆皓东、郑士良等思想比较激进的朋友相聚于广州,当时曾提出组织一个以"驱除鞑虏,恢复华夏"为宗旨,名为"兴中会"的团体,但没有具体的组织形式和活动计划。与此同时,他又潜心撰著《上李鸿章书》,详陈"富强之大经,治国之大本",提出"人能尽其才,地能尽其利,物能尽其用,货能畅其流"的改良主义性质的纲领,可是未为李鸿章所理会。这种革命与改良两种思想并存而以改良主义思想为主流的思想状况,正是孙中山在甲午战争前的思想实际。孙中山在上书失败后,便偕陆皓东到北京、武汉、上海等地考察,并再度赴檀香山。由于侨胞的同情和支持,1894 年 11 月 24 日,兴中会经过一年多的酝酿和准备而正式成立,并计划在广州发动武装起义。1895 年初,在香港筹建兴中会总部,正式通过《章程》,规定了"驱除鞑虏,恢复中国,创立合众政府"的誓词,划清了革命与改良的界限。兴中会以民主革命派的态势登上中国近代政治舞台。

20世纪初，由于封建统治势力的愈加腐朽衰败、中国民族资本的明显发展、全国各阶层民众爱国热情的高涨等背景，兴中会的革命势力得以顺利发展。于是，兴中会一方面吸收广大会党群众，在国内组织、发动武装起义，以扩大声势；另一方面，积极寻求革命的理论根据，探索解决中国的政治、经济、社会诸方面现实问题的道路，并谋求与康梁派合作而遭到拒绝，使民主革命派与改良派彻底分手。在乙未广州起义和庚子惠州起义相继失败后，兴中会的工作重点移至日本，一大批留日知识分子被吸引到兴中会的周围，其中有些著名的革命家在"拒俄运动"的震动下纷纷回国，与国内的革命势力结合起来，组织各具特色的团体进行革命活动。华兴会、湖北科学补习所、光复会是许多革命团体中的声名显著者，涌出了黄兴、章炳麟、邹容、陈天华、宋教仁、秋瑾等一大批革命家，在全国各地推动着革命形势的发展。在中国近代政治大舞台上呈现出一片纷繁景象的同时，各种大小不等而力量分散的政治势力，在革命活动中也逐渐暴露出这样或那样的弱点。由于革命形势的发展、孙中山的奔走呼号和努力工作，各种革命力量不同程度地认识到集中统一领导的必要，纷纷把"设会之名，奉之孙文"。1905年8月20日，兴中会走完了自己的革命历程，中国第一个资产阶级政党——中国同盟会在日本东京正式成立，树起了资产阶级民主革命大旗。尽管当时组织还不够严密，思想不完全一致，但是它克服了过去的不少弱点，把各种革命力量集中统一起来，形成一股比较强大的革命势力，在20世纪初中国的政治舞台上与帝国主义和封建统治合流的政治势力对立地存在，展开角逐和较量，不过五六年的时间，革命势力就取得了胜利。

对总形势的估计

综上所述,对于 1895 年至 1905 年的中国政治风云,可提出如下估计:

(1)从兴中会成立后的 1895 年至 1905 年的十年中,在中国近代的政治舞台上的四种政治力量,从宏观上看,它们为加深与摆脱中国社会殖民地化的历史而反复斗争,使政治风云变幻莫测,时而乌云蔽日,时而彩虹跨天,成为中国近代史的具有关键意义的一个历史阶段。

(2)这一历史阶段的前半段,即 19 世纪末的那一段,除帝国主义处心积虑深入侵略外,其他三种力量尚有从不同渠道设法挽救危亡的共同点,当时中华民族与帝国主义间为主要矛盾。这一历史阶段的后半段,即 20 世纪初那一段,帝国主义与维护封建统治的势力以清廷作出"量中华之物力,结与国之欢心"的正式表态而合流;人民大众的自发反抗势力与资产阶级民主革命派以中国同盟会的成立为标志而汇合。这样,就形成了两股相对立的政治力量,即以人民大众为主体的民主革命势力反对帝国主义、封建主义的联合势力成为当时的主要矛盾。

(3)两股相对立的政治力量在 20 世纪初即各自为争取发展自己和消灭对方而进行激烈的斗争和较量,以人民大众为主体的民主革命势力日趋占据上风,终于推翻封建专制主义的统治,但容忍了帝国主义势力的猖狂;维护封建主义统治的势力则见风转舵,加紧勾结帝国主义,利用民主革命势力,攫取到了更大的权力。

袁世凯权力的起伏

清廷为挽救国势的衰落,力求加强政府的军事力量,因而极力推行编练新军三十六镇的计划。然而,三十六镇的编练费用年需银5 400万两,已非清政府年收入八九千万两所能承担,只有袁世凯督练的北洋陆军六个镇因系驻防直隶,被清廷视为保卫京师的主力部队,因而先后陆续编成。

六镇编成后,曾于光绪三十一年(1905年)九月、光绪三十二年(1906年)九月在直隶河间和河南彰德举行了两次会操,均由袁世凯与铁良主持校阅。参加河间会操的官兵有4.6万人,马5 800匹,车1 500余辆,战线长达20余里;彰德会操亦有官兵3.3万人,中外观操人员达487人,被袁世凯称为"创从前所未有,系四方之瞻听"。通过组建北洋六镇,袁世凯的军事实力已基本奠定,以其为首的北洋军阀军事集团开始形成。

北洋六镇的建成和两次会操,使袁世凯的个人势力迅速膨胀,从而与清政府的皇室集权发生了十分尖锐的矛盾。光绪三十二年九月二十日(1906年11月6日),清政府宣布中央官制改革,其中合兵部、练兵处与太仆寺为一,设立了由奕劻管理部务、铁良任尚书的陆军部,负责全国练兵事宜,使"所有各省新军,均归该部统辖",这无疑是对袁世凯权势的一次沉重的打击。而袁世凯也意

55

识到自己的权势已引起了疑忌,将会遭到"中伤"而不利于今后的再扩张,所以,不如采取主动。光绪三十二年十月初三日(1906 年 11 月 18 日),他主动奏请"开去各项兼差以专责成而符新制",辞了八大臣的兼差;同时他还在附片中请求将第一、第三、第五、第六镇移交给新设的陆军部,由于他不想放弃嫡系部队,所以要求还保留第二、第四两镇的指挥权。但是,袁世凯表面的礼让姿态并未能缓解他与满族亲贵的矛盾,而清廷对其军权的裁抑使他难以抑制内心的愤懑。时隔半年,光绪三十三年(1907 年)六月十九日,袁世凯便借预备立宪之机上《赶紧实行预备立宪折》,对设立陆军部及铁良、凤山等掌握兵权的满族亲贵大加抨击,希图挽回其失去的兵权,但没有收到应有的效果,反而更引起清政府的不满。七月二十七日(9 月 4 日),袁世凯被免去直隶总督兼北洋大臣,内调为外务部尚书、军机大臣,"阳虽重用之,而阴实预防之也"。

光绪三十四年十月二十一、二十二日(1908 年 11 月 14、15日),光绪皇帝、慈禧太后相继死去,宣统继位,并由光绪的兄弟载沣摄政当权。载沣掌权后,因袁在戊戌变法时出卖过光绪,立意要杀他。事前,载沣曾征求奕劻和张之洞的意见。张之洞建议,时局危急,袁在军队中有影响,如果严惩,恐生他变,宜镇静宽大为好,不如让他"开缺回籍";奕劻则以军情不稳为虑,力保袁世凯。于是,清政府在十二月十一日发布罢黜袁世凯的上谕:"袁世凯现患足疾,步履维艰,难胜职任,袁世凯着即开缺,回籍养疴",把袁放回原籍。

袁回河南后,即隐居在彰德北门外洹上村的养寿园,还特拍摄披蓑戴笠乘小舟垂钓小照,名曰《蓑笠垂钓图》,示人以归隐之意。袁表面在籍闲居,但实际上仍为北洋军的幕后遥控指挥

袁世凯垂钓图

者,不但京豫间常有人来往,袁还在家中设有电报处与各地联络,旧部徐世昌、段祺瑞、冯国璋、杨士琦等经常向其子袁克定传送京内情报,有的还亲至养寿园借探视搞策划,因此袁世凯对于朝廷中枢的举动仍了如指掌。袁世凯虽然暂时失势,但他培植起来的政治势力根深蒂固,随着清政局的日渐不稳,他在等待东山再起的时机。

1911年10月10日(清宣统三年八月十九日),由于1905年"同盟会"成立后积极推动民族民主革命的发展和遍及全国的抗捐抗税、抢米风潮等自发斗争的酝酿,武昌新军终于在"共进会""文学社"等革命组织的努力下,发动了武昌起义。一天之内即占领了武昌,取得了首义的胜利,在黄鹤楼和蛇山上竖起了革命军用十八颗星代表十八行省的临时国旗。

武昌起义的消息传到北京,举朝震恐。由于南方新军大部倒向革命,清廷只有把希望寄托在北洋军身上。清廷先是派陆军大臣荫昌率第一军立即南下"讨伐叛乱",又派萨镇冰率领海军舰队溯长江而上,由水路进攻,同时指派军谘使冯国璋将第五镇和第五、第三十九混成协编成第二军,听候调遣。但是北洋军的将领多是袁世凯的旧部,荫昌虽然与北洋军有密切联系,仍然指挥不灵。北洋军停留在信阳与孝感之间,并不认真执行荫昌所发布的进攻汉口的命令,行动非常缓慢;再加上武昌前线的军事连续失利,而各省接连宣布独立,使清政府感到挽救颓势已迫在眉睫。

武昌起义给袁世凯带来了一种"机缘",不仅奕劻及内阁协理大臣那桐、徐世昌等深感局势严重,一致主张起用袁世凯,而且与中国政局有着各种利益关系的西方列强也把关注的目光投向袁世凯,四国银行团的美方代表司戴德就公开扬言"如果清朝获得像袁世凯那样强有力的人襄助,叛乱自得平息"。英国公使朱尔典、美国公使嘉乐恒也多次会见摄政王载沣,表示希望起用袁世凯。于是,一时门庭冷落的养寿园顿时成为人所瞩目的地方:清政府"皇族内阁"的总理大臣奕劻函请袁来"挽回危局",内阁协理大臣徐世昌和陆军大臣荫昌,更亲至彰德劝袁出山。载沣也出于无奈,于1911年10月14日(宣统三年八月二十三日)被迫起用袁世凯为湖广总督,督办剿抚事宜,除节制湖北军队外,荫昌所率各军及水陆援军亦得会同调遣。但是,现在的袁世凯已对这些权力不屑一顾了。为借机获取更大的实权,他一面与北洋旧部暗通声气,幕后操纵行止;一面又以"足疾未愈"为借口,佯作壁上观。袁世凯既不南下督师,北洋军在前线也就作战不力,形势日趋危急。10月20日,徐世昌奉命微服至彰德谒袁,

力劝出山,袁世凯在装模作样之余,最后提出了六项条件:

① 明年即开国会;
② 组织责任内阁;
③ 宽容参加此次事变之人;
④ 解除党禁;
⑤ 须委以指挥水陆各军及关于军队编制的全权;
⑥ 须与以十分充足的军费。

这六项条件的前四项是当时为人注目的一般性政治条件,而后两条则是实实在在的讨价还价,指挥权和财政保证是袁世凯收拾局面之必需。而实际上,他就是要集军权、政权、财权于一身,以达到既能控制清政府,又能诱使革命党人向他妥协的目的。

由于革命局势发展迅猛,各省纷纷独立,清政府的军事指挥失灵,不得不向袁世凯屈服。当袁世凯答应出山后,武汉情势丕变,北洋旧部都表示效命,以供驱使,其原因就在于"前敌军士,多小站出身,闻袁再起,颇为欣悦",如李纯奉命后,即申诫军士,与民军奋战,连夜占据龟山,冯国璋则统大军随后进发。在此情况下,清廷又于10月27日(九月初六日)授袁为钦差大臣,所有赴援海陆各军及长江水师均归其节制调遣,军谘府、陆军部不得遥制,陆军大臣荫昌在袁到任后即回京供职。袁世凯至此已获得清政府的最高军事权。

袁世凯操纵南北局势

袁世凯作为北洋军阀集团的首脑,他的杀手锏当然还是手

59

中的军队,炫耀武力可以达到一石二鸟之目的:一方面,集中力量给予南方首义地区以打击,造成军事压力,迫使南方革命势力让步;另一方面,向清廷显示他的实力,以进一步换取更大的权力。10月30日(宣统三年九月初九日),即袁世凯被授予军事全权的第三天,他便从河南彰德启程南下,亲自督战;11月1日抵湖北孝感;同日,清廷授袁世凯为内阁总理大臣。

当时,袁世凯已调集兵力1万多人,而且配备了机枪、大炮等重型武器,欲予革命军以重创。果然,袁世凯到孝感的当日,冯国璋统率的第一军即向武汉三镇之一的汉口发起进攻。由于遭到革命军的英勇抵抗,冯国璋下令纵火烧城,把汉口的繁华市区变为一片火海,大火竟燃烧了三天三夜。冯国璋向袁世凯报告双方交战的情形称:"十一日黎明,西北风暴作,汉镇火愈烈,我军接续攻扫,节节巷战,每攻一段,冒火蹈险,又为匪暗击,艰苦不可言状。"清军的暴行,遭到内外人士的强烈谴责,但袁世凯在给冯国璋的密电中却称:"该兵士等奋勇苦战,颇为各国嘉许。"在清军的重创之下,汉口军政府被迫撤退,清军占领汉口。

11月13日(宣统三年九月二十三日),袁世凯抵京,仍一再表示效忠清室;19日,袁世凯内阁在北京成立。至此,袁世凯已在清廷获取了包括军权在内的最大的政治权力。

虽然袁世凯表面上仍作出以"君主立宪"为宗旨的姿态,但实际上,他正在组织一次更大的军事行动——攻取汉阳。对于汉阳的战略地位,袁世凯的麾下大将冯国璋分析得十分透彻,他认为:"汉阳之大别(即龟山)诸山,俯瞰武汉,如釜底一丸,下掷则全城瓦碎,不待攻而自破矣。为今之计,唯有先取汉阳,为攻心之上策。"正因如此,武汉军政府方面在汉口失陷后也为保卫汉阳作了全面的部署:当时革命军第一、四、五协和第四标及炮队、工程队,约为 1.3 万人,相当于四协兵力,再加上新到的湖南援军,共有 2 万兵力;而清军方面,袁世凯集结了北洋军第四镇的全部、第二镇和第六镇的各一个混成协的兵力,约 3 万余人。

11 月 17 日(宣统三年九月二十七日),汉阳之战的指挥者冯国璋向李纯部下达了进攻命令。19 日、20 日,清军分别占领蔡甸和舵落口,从襄河两侧逼近汉阳;21 日开始,在三眼桥、美娘山、三道桥、磨子山、扁担山等处遭到革命军的顽强抵抗,但由于军事实力的悬殊和革命军战略上的失误,清军在双方的较量中屡屡得手;26 日,革命军全线溃退;27 日下午,汉阳终告陷落。这次汉阳之战,先后有 3 300 多名革命军官兵伤亡,而且给汉阳人民带来巨大损失。据当时报载:"武昌城外,由江中捞出之死尸陈列堤上,不计其数。内有未死而呻吟者;有妇人抱子,母死而子苏,啜泣索乳者。血溅江边,死者相枕藉。"而这次兵燹的主要责任者冯国璋却得到清廷的传谕嘉奖,赏其二等男爵。28日,北洋军干将段祺瑞抵达汉口,接任署理湖广总督,武汉的江岸一侧已被清军控制。袁世凯以军事实力在与革命军的第二次较量中获胜。

汉口、汉阳得手后,前线指挥冯国璋本欲乘胜渡江,攻取武昌,但被袁制止。袁世凯此时陈兵江岸的目的有二:一方面,每天仍从龟山用重炮隔江向武昌轰击,迫使革命军放弃军事对抗,屈从他的意旨;另一方面,以止兵不动为变相示威,向清廷索取更多的权力。形势发展的复杂变化使袁世凯不能不作多重考虑:汉阳之战已使武昌危在旦夕,且革命军战时总司令黄兴在汉阳失陷后离去,革命军内部又发生意见分歧,似乎袁世凯在军事上已胜算在握。然而,当时全国已有十四省宣布独立,民主革命的潮流已成不可阻挡之势,当时清军主力全被牵制在京汉铁路一线,根本无法应付全国瞬息万变的形势。因此,袁世凯在军事上获得的仅是表面上的、局部的主动,从全国大局看,实际上是处于被动地位的。

形势的发展极大地刺激了袁世凯的政治野心。本来,"虚君共和"并非袁世凯所情愿,况且通过复出后的拨弄武力,无疑已加重了他向清政府和革命势力讨价还价的砝码。当他了解到"挽救"帝国已是不可能的时候,便改变了原来的计划,把功夫下在利用革命方面,因而采取了如下的方针:对于革命方面,以使用武力进攻、勾结革命派内部的反革命派和唆使部下通电反对共和等各种不同方式,换取革命派方面对其未来最高领导地位的切实保证;对于清政府方面,则利用革命声势,凭借帝国主义列强和立宪派的声援与支持、唆使部下通电赞成共和等方式,以迫使清政府让出政权。

袁世凯要在清廷和革命势力之间搞政治赌博,最需要的外力是列强的支持。在双方激烈交战之时,各国领事馆便时有议和的传言,俄国领事敖康夫、英国驻汉口总领事等均有出面调停的表示,尤其是经济利益主要在长江流域的英国,更是密切注视事态的发展。由武昌起义而在全国范围内爆发的革命浪潮已使封建王朝处于大厦将倾之势,使各国甚至认为"所有一切武力行为,以期恢复旧观,断无可望",逐渐由扶持清廷转而看好拥有军事实力的袁世凯。因此,当袁世凯在取得军事优势的前提下作出和谈的姿态后,英国驻华公使积极联络北京各国使团,出面斡旋停战。12月1日,英国驻汉口代理领事葛福根据朱尔典的电示,到武昌洪山总司令部说明已同清军商议的条件后,与革命军方达成停战三天的协议;12月3日,双方停战。期满后,在英国领事的斡旋下一再延期,终使战事暂告停顿。

在袁世凯止兵不动策略的压力之下,清廷果然又接连授予袁更大、更多的权力。12月6日(宣统三年十月十六日)隆裕太后颁发懿旨,准监国摄政王载沣退归藩邸,不再预政,可以说是清除了袁在人事、行政上的所有滞碍。接着,袁世凯任命冯国璋为第二军总统,负责京畿一带和海防防务,并兼充禁卫军总统官,轻而易举地转移了清室手中直接掌握的武装力量。12月7日(宣统三年十月十七日),任命袁世凯为全权大臣,并"由该大臣委托代表人驰赴南方,切实讨论,以定大局"。

南北议和与清帝退位

"南北和谈"自1911年12月17日(宣统三年十月二十七日)始,至翌年2月5日"优待清室条件"确定止,为时近50天。出席和谈的北方总代表为袁世凯委派的唐绍仪,南方总代表为由十一省军政府公举的伍廷芳。会议共进行了五次。

12月17日,南北议和代表在上海英租界内市政厅举行第一次会议,主要讨论了军队停战的具体措施。20日举行第二次会议,即进入对未来中国国体是君主立宪抑或民主共和的实质性讨论,此次会议双方达成意向并经清廷同意,克期召集临时国会,对政体问题"付之公决"。又经29、30、31日的三次会议,已确定了双方停战、召开国民会议确定国体、优待退位后的清室等关键事项。对确定国体问题,双方商定条件为:"开国民会议,解决国体问题,从多数取决。决定之后,两方均须依从。"其实对袁世凯来说,无论是立宪,还是共和,都不过是他手中的一柄向革命派和清政府双方讨价还价的双刃剑。然而,由于孙中山从海外归来,形势发生急骤变化,以至南北和谈也由此而发生转折。

武昌起义后,随着南方各省纷纷宣告独立,成立资产阶级民主共和国已成为革命形势的需要,但由于革命党人内部没有合适的人选可以肩负起领导全国革命运动的重任,因此在组织领导机构的问题上陷于被动地位。孙中山是众望所归的革命领袖,12 月 25 日他从海外归来,29 日即被十七省代表会议在南京选举为中华民国临时大总统。尽管孙中山当天就致电袁世凯,表示他仅是暂时担任组织政府之责,仍望袁早定大计,但此事毕竟出乎袁氏意料之外,于是他突然转变态度,以唐绍仪与南方代表"会议各条约,未先与本大臣商明,遽行签订,本大臣以其中有必须声明及碍难实行各节"为由,迫使北方总代表唐绍仪辞职,而由他自己直接与南方对话。实际上,这是袁世凯出尔反尔,变相推翻了唐绍仪承其意旨与南方已达成的协议。

由于黎元洪、黄兴等曾向袁世凯许诺,一旦袁氏赞成共和,即拥立其为大总统,因此,袁世凯对孙中山的出任临时大总统极为敏感,他甚至直接致电南方总代表伍廷芳,诘问"选举总统是何用意? 设国会议决君主立宪,该政府及总统是否亦即取消?"并进一步探询清帝退位后举袁为总统"有何把握"。与此同时,他又打出北洋王牌,唆使姜桂题、冯国璋、张怀芝等北洋将领联名通电,声称"不惜以干戈相见","誓不承认"中华共和制度。孙中山对袁世凯的疑虑作了明确的答复:"如清帝实行退位,宣布共和,则临时政府决不食言,文则可正式宣布解职,以功以能,首推袁氏。"

虽然革命党人以大总统之位向袁世凯作出了许诺,但在"实行共和"这个原则问题上却从未让步,甚至袁世凯曾提出清政府与南京临时政府同时解散,由他另立统一的共和政府的主张,也遭到了南京临时政府的拒绝。从立宪到共和,是革命党人对袁世凯的考验，也是他最难逾越的鸿沟，但是，在做满清臣子与中华民国大总统之间，他还是选择了后者。于是，袁世凯立即施展各种手段，对清廷实行逼宫，迫使清帝退位。

正在这时，在北京发生了宗社党首领、军谘使良弼被革命党人投弹炸死一案，使宗社党人大为恐慌，袁世凯趁机大造舆论，指使北洋文武官吏通电请愿，要求清帝退位。外有出使俄国大臣陆徵祥、出使义国（意大利）大臣吴宗濂、出使日本大臣汪大燮等分别致电外务部，请代奏清廷"明降谕旨，慨允共和"；内有各路军人急电促请共和，山西巡抚张锡銮、武卫右军统领总兵王汝贤等电奏，请清廷"下诏南北罢兵，速组共和"，署理直隶总督张镇芳、署理两江总督张勋、署理两湖总督段祺瑞、署理山东巡抚张广建、署理安徽巡抚张怀芝、署理山西巡抚李盛铎、吉林巡抚陈昭常等联名上奏，要求"速降明谕，宣布共和，悉以政权公诸国民"。其中段祺瑞与袁世凯配合最为默契，在清廷举棋未定的关键时刻，他于1月23日、25日连续电告内阁军情不稳；26日又领衔以湖北前线四十六名北洋军将领名义联名电奏朝廷，报告军事形势"饷源告匮，兵气动摇，大势所趋，将心不固"，"恳请涣汗大号，明降谕旨，宣示中外，立定共和政体"。这对清廷显然是一通牒性质的电报。

在失去军队支持的情况下，清廷终于接受了《清室优待条件》。1912年2月12日，清廷颁发了退位诏书。至此，统治中国268年的清王朝宣告结束。

2月13日，袁世凯致电南京临时政府，声明赞成共和，电称：

共和为最良国体，世界之所公认，今由弊政一跃而跻及

分
说

65

之,实诸公累年之心血,亦民国无穷之幸福。大清皇帝既明诏辞位,业经世凯署名,则宣布之日,为帝制之终局,即民国之始基。从此努力进行,务令达到圆满地位,永不使君主政体再行于中国。

2月13日,孙中山履行诺言,向南京参议院提出辞职;15日,参议院举行临时大总统选举会,与会的十七省议员,每省一票,一致选举袁世凯为临时大总统;次日,袁世凯便通电全国,对推举其任中华民国临时大总统欣然接受。于是,袁世凯便由清朝的总理大臣一变而为南京临时政府的大总统,取得了资产阶级共和国的最高领导权,从而以全面掌握中央的政治、军事权力为标志的北洋军阀政治军事集团终于形成。

迁都之争与京保津兵变

几乎在袁世凯攫取了辛亥革命的胜利果实的同时,即发生了革命党人在共和制度下与北洋军阀势力第一次严重的政治较量——迁都之争。

建都南京或北京,是武昌起义后被革命党人看作有极重大意义的问题。为了"巩固民国,图谋民生幸福",孙中山建议建都南京。他的本意是要袁世凯离开其根深蒂固的巢穴,把建都南京作为约束袁世凯为首的北洋军阀集团势力的一种办法。他强调说:"惟临时政府地点,仍须设立南京。南京是民国开基,长此建都,好作永久纪念,不似北京地方,受历代君主的压力,害得毫无生气,此后革故鼎新,当有一番佳境。"因此,在他向临时参议院提出的辞职咨文中,附加了三个条件,即:

①　临时政府地点设于南京,为各省代表所议定,不能更改;

②　辞职后,俟参议院举定新总统亲到南京受任之时,大总统及国务各员乃行辞职;

③　临时政府约法为参议院所制定,新总统必须遵守颁布之一切法制章程。

根据以上建议,南京参议院经过两次辩论,通过了设临时政府于南京的决议案。

袁世凯一向拥兵自重,当然不愿意离开其北洋军阀势力盘踞的北方而南下。表面上,他表示要"始终以国利民福为归","勉尽公仆义务";同时却又借口"北方秩序不易维持,军旅如林,须加部署"而不能立即启程,暗中则设法抵制革命党人利用民主制度对他的约束。1912 年 2 月 21 日,袁世凯致电孙中山,正式表态拒绝南下,在电文中强调他不愿离开北方的理由是"内讧外患,递引互牵",只要他离开北京,就一切变端立见。从袁世凯拒绝南下,可以看出他与北方军阀互为依存的关系;其动辄以"北京外交团向以凯离此为虑"相要挟,也反映了袁世凯对帝国主义的依附态度。

孙中山把"争都"问题看作是严重的政治斗争,不但多次敦促袁世凯南下就职,而且一再坚持"以新总理接事为解职期",作为他向袁世凯让位的原则和条件。南京临时政府也没有改变决议,依然按照 2 月 18 日的决定,派教育总长蔡元培为迎袁专使,偕同宋教仁、汪精卫等八人前往北京"专迎大驾",以促其南下。

南京方面的态度和举措使袁世凯处于政治斗争的被动境

地。然而,袁世凯在这个关乎北洋根基的重大问题上是不会让步的。在革命党人强大的政治攻势和众目睽睽之下,他既要做强者,又不能冒天下之大不韪,于是便又施展其政治"机智":一面盛礼欢迎专使,并表示"始终无不能南行之语",且在 27 日会见专使时当面允诺"一俟拟定留守之人,即可就道",甚至还规划了南下的路线;而另一方面,他又搬出北洋嫡系这块底牌,以图自保。这样,他亲自导演的"壬子兵变"在北京、保定、天津三地相继发生,以证实他所宣布的不能离开北京的理由。

首先是 2 月 29 日晚 8 时,袁世凯的亲信部队——北洋陆军第三镇在北京的兵变,北京城内多处遭到浩劫。当晚,由朝阳门一带的第三镇第九标炮队、辎重队滋事,先攻东华门,不克,遂在东城大肆劫掠,"果摊食铺,无有存者";然后突进朝阳门,而门已闭,变乱兵弁竟动用大炮轰击,城内之兵闻听枪声后起而响应,一时城内外枪声四起,乱氛蔓延。变兵入城后抢掠达旦,商民被害者数千家。西河沿、大栅栏、珠市口、骡马市等处,"凡金店、银钱店、蜡铺、首饰楼、钟表铺、饭馆、洋广货铺以及各行商铺,十去九九";东四牌楼一带,"各家窗户上子弹所穿之小孔如列星",可见兵燹之惨烈。变兵不仅抢掠,而且在东安市场一带纵火,灯市口以北、金鱼胡同以南、锡拉胡同和乃兹府附近受创最烈。另外,还有土匪乘机兴乱,百姓惨遭涂炭。次日,兵祸又殃及西城。据当时人所记:"火彻夜不绝,枪声隆隆不能断,居民惶恐震骇欲避而不可得,富商藏金于窖而不得免,一时叫者叫,号者号,哭者哭;幼者呼爸爸,老者瘆瘆呼。妇寻其夫,兄觅其弟。慈父以为不能保其子,孝子以为不能有其亲。哀声动天地,惨语泣鬼神",然而乱兵土匪,气焰益张,甚至连内城巡警总厅暂存于各银号的薪饷、经费等银 5 376.64 两也遭到洗劫。据统计,在北

大栅栏变兵及土匪抢劫之情形

京的这次兵变中,商民损失无算,内城被劫者4 000余家,外城600余家。最为严重的是,变兵竟闯入迎袁专使的住所,"殴门而入",将"行李文件等掳掠一空",蔡元培等幸以身免,仓皇避入各国大使馆所在地东交民巷的六国饭店。

接着,兵变像瘟疫一样蔓延到保定、天津地区。京师兵变消息传至保定,市面动荡,人心惴惴。3月1日,驻扎保定的北洋军第二镇突然一哄而起,乱兵以煤油将城门烧毁后一拥而入,到处劫掠,纵火焚烧,火光熊熊烛天。当时,"城内各军,肆行抢劫,毫无忌惮",甚至"卫生医院及临时陆军病院养病之兵皆入城搜掠,满载而归"。届时,"满城枪声如竹爆,哭声载路,各处之火,彻夜不熄",城内百姓纷纷出城逃难,"沿途男女老幼哭泣之声,不绝于耳"。这次兵燹的结果,"四街各处繁盛,皆成焦土,绅商之家,无不惨遭抢掠,疮痍满目,瓦砾如山,啼饥号寒之声,比比皆是"。不仅如此,保定附近州县邸、博、蠡、清、定、望都、唐县、满城、深泽、束鹿、饶安、高阳等均遭波及。更不可思议的是,乱兵除掳掠钱财外,还将保定东关子药库所储存快枪7万余支及大量子弹抢劫一空。

天津作为通商大埠、畿辅重地,在这次兵变中损失尤重。天津兵变发生于3月2日,正值旧历春节期间,人们本应欢度佳节,但此前北京兵变的传闻早已闹得风声鹤唳,市面不稳。尤其各商家店铺一面不得不照常营业,支撑门面;一面又须设法躲避兵乱,减少损失,于是"许多官商富户携带细软品避往各国租界",平民百姓更是惶惶然莫知所措,由于奥国租界毗邻城厢,"华界居民前往运存箱笼者络绎不绝"。正在人心动荡之时,本应加强治安,但奇怪的是,兵变发生的当日上午,天津警察厅长杨以德突然下令全城撤岗,街上巡警立时踪影全无。天津自庚子以来城内不得驻军,平时仅靠二三千名警察、保安队维持治安,这样一来,气氛更加紧张,那些消息灵通的大小官员见此形势,竟也预先跑得精光。

兵变发生在约晚8时,开始乱兵有2000余人,是由京陆续窜入和潜入天津的;到晚10时,随着天津镇守使张怀芝所部巡防营的加入,变乱达到高潮。这次兵变,天津较京、保两地损失尤烈,共有3100多家店铺被抢,损失白银1280多万两,3人被枪杀。乱兵主要肆虐于繁华商业区,抢劫对象往往是大商号、银号和当铺等,如位于宫北巷口的协成当,"兵变时尽付一炬,亏欠金额14万元";位于河东小关的协庆当"兵变时被焚掠一空,仅遗房地一处,亏欠金额10万元"。河北洋元厂被烧,遭抢劫现银达20余万;裕通银号被抢银元1万有余。据统计,仅估衣街一处就有兴义号广货铺等105家大小店铺遭火,河北大街亦有恒

壬子兵变对天津的破坏

丰首饰店等 87 家被烧。据天津名绅、南开大学创办人严修据目
睹实况所记,直至次日,"南阁前之火始熄,东方之火已渐熄",
"北马路、估衣街皆被毁"。据天津商会的报告称:"三月二号军
匪变乱,通街商业焚掠殆尽",并痛称此次兵变为"惨祸""浩
劫"。

袁世凯策动"京保津兵变"之目的,意在说明"北方秩序不
易维持",非袁坐镇不可。革命党人对此曾作出反应——就在迎
袁专使于 3 月 2 日致电南京临时政府及临时参议院,建议"速建
统一政府为今日最要问题,余尽可迁就,以完大局"之际,3 月 10
日,南京临时政府陆军总长黄兴则通电南方各省,公开申明应调
兵北上,协助维持秩序,并称此举"在南可以节饷,在北可以防
乱"。无论黄兴的本意如何,但调兵北上显然不仅会戳穿袁的骗
局,更会触到袁的要害,此举无疑是对袁的试金石。果然,袁世
凯立即以"各国联军驻京,恐滋误会"为借口断然拒绝。袁世凯

既拒绝了南方援兵,却又没有对他的部下进行及时、有效的弹压,其用心不言自明。

袁世凯通过制造兵变欲达到两种连锁性效果:一是利用在华帝国主义势力以维持秩序为名,加紧对京畿一带派兵,从而对新生的民主政权施加压力;二是利用民心思定的心理,造成袁世凯不能离京的社会舆论。从客观情况看,袁世凯达到了预定的目的。

帝国主义列强在建都问题上显然站在袁世凯一边。迁都问题刚一提出,英国驻南京总领事威勒逊就公然干涉中国内政,向南京临时政府外交总长王宠惠蛮横地表示:迁都南京在外国公使看来是一种"过分的要求";京、保、津兵变发生后,各国公使举行了外交团会议,根据会议决议,日本在烟台军舰调至天津大沽,各国兵士 700 余名在英使馆集中,天津、保定不但增加了军队,而且还补充了武器弹药。列强在作出武装干涉姿态的同时,又放出风称:"况此无政府现象,尤非袁不能挽回也。"

与此同时,袁世凯又极力操纵舆论,一方面是故作姿态地表示"极愿南行",却"不期变生仓猝",以致北方商民"函电吁留,日数千起";另一方面,袁世凯嫡系的北洋军事将领在社会动荡、民怨沸腾之时联名通电,要求临时政府必须设在北京,由袁世凯在北京组织统一政府,其中以禁卫军军统冯国璋公开发表的《上大总统书》最有代表性,称历经变乱而"政躬无恙,秩序旋复,两宫如恒,各公使衙署及南洋诸代表均庆安全,皆我公从容坐镇,指挥有定之赐也",并以保证"惟有恪遵军纪,静心待命",表示对袁的支持。

而京城百姓对这场突如其来的杀伤焚掠痛心疾首,乱定之后,亟思安定,进而担心"袁总统尚未离北京,已经闹得这个样子,若真离去,恐酿大乱"。京师董事会、北京商务总会、共和实进会等纷纷上书,要求袁世凯尽快恢复秩序,安定人心。有人甚至直接上书袁世凯献策,其中即有"临时政府定都北京,迅速正式成立,布告内外,以资震慑而消各项隐患"之说。

在上述氛围之下,迎袁专使难免受到蒙蔽,3月2日,蔡元培等即向南京政府电告北京局势;3月6日,蔡元培等又向孙中山报告称:"北京兵变,扰及津保,连日袁君内抚各处军民,外应各国驻使,恢复秩序,镇定人心,其不能遽离北京,不特北声呼吁,即南方闻之,亦当具有同情。"通过这场兵变,使支持袁世凯的舆论甚嚣尘上,连南方各省也纷纷附和妥协的主张,上海的《时报》《申报》《民立报》《天铎报》《爱国报》等联合请求:"亟就北京组织安全政府,建立国都。"甚至刚当上临时副总统的黎元洪也正式表态,危言耸听地通电全国:"舍南京不至乱,舍北京必至亡。"直至北洋将领发表通牒式的联合通电,称"临时政府必须设立于北京,大总统受任暂难离京一步,统一政府必须旦夕组定",似乎已成为不容协商的定论。袁世凯导演的这场兵变和列强的反应也迷惑了一部分革命党人,他们难辨乱源,反而对孙中山迫袁南下的主张发生动摇,甚至认为是孙中山失当。在内外各方面的压力之下,南京临时政府不得不作出让步,由孙中山提请参议院通过决议,"电允袁总统在北京受职"。这样,袁世凯如愿以偿,仍然留在了他的巢穴——北洋军阀的发祥地京津一带。

袁世凯在北京继任临时大总统

1912年3月10日下午3时,袁世凯在北京石大人胡同前清

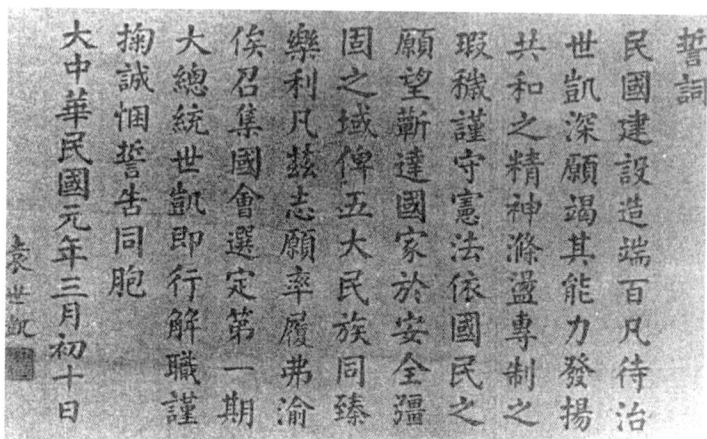

袁世凯就任临时大总统时誓词

外务部公署就任中华民国临时大总统。他以着军服、佩长剑的形象出现在中外宾客面前,其誓词称:"世凯深愿竭其能力,发扬共和之精神,涤荡专制之瑕秽。谨守宪法,依国民之愿望,祈达国家于安全强固之域,俾五大民族同臻乐利。"蔡元培以参议院代表身份参加了袁世凯的就职仪式,并代表孙中山致祝词。

袁世凯就职的次日,孙中山公布了由南京参议院经过三十二天讨论后通过的《临时约法》,其中《附则》明确规定:"宪法未实行之前,本约法之效力与宪法等。"因此,可以说《临时约法》是一部具有国家宪法性质的文献,是旧民主主义革命理想和制度的宣言,是辛亥革命的一个重要成果。《临时约法》规定:"中华民国由中华人民组织之","中华民国之主权属于国民全体";还规定中国人民有人身、居住、财产、言论、出版、集会、信仰等自由,有选举、被选举、诉讼、请愿等权利。这些都说明《临时约法》具有很大程度的旧民主主义的民主精神。但不容忽视的是,

《临时约法》是资产阶级革命派在与以袁世凯为首的北洋军阀集团围绕着政权问题而展开的复杂斗争中产生的,因此,反映了当时的历史条件和斗争形势的需要。《临时约法》中规定改总统制为责任内阁制,扩大了参议院的权力,以防范和限制袁世凯的擅权和独裁专制。以孙中山为代表的资产阶级革命派曾幻想依靠《临时约法》束缚袁世凯的权力,进而实现资产阶级民主,发展资本主义,但这只能是孙中山等人一厢情愿的主观愿望而已。

孙中山公布了《临时约法》以后,便在4月1日正式解除临时大总统职务。4月5日,参议院议决迁都北京,南京临时政府结束。从此,袁世凯"合法"地建立起新的反动统治政权。

袁世凯是以北洋军阀总头目的身份攫取中华民国大总统的职位的,他首先要抓的就是军队。因此,3月31日,距其就任大总统仅20天,就发布了《训勉军人令》,要求所有陆海军人必须服从他的"统一命令"。当时全国的军事实力约为三十几个师及50余个旅,连同地方巡防营等杂项军队,兵力约120万左右,其中袁世凯北洋嫡系军队及依附于袁的其他军队约占一半以上,其主要占据的地点也在长江以北的直、鲁、皖等处。而此时南方革命势力还拥有十几万军队及苏、皖、浙、闽、粤等七八个省的地盘。另外还有一些尚无统属的地方势力也很大,如仅广西一省即有防军7军、官兵37 260名及新军步兵团官兵2 000余人。因此,袁世凯要巩固他的统治地位,就必须扩大政治实力;而作为一个军事政治集团的首脑,必须把扩充北洋军事实力、打击革命党的军事力量作为当务之急。

首先,袁世凯立即调整军事机构,安置亲信,以达到掌握军队和直接控制军队之目的。在组织总统府的过程中,将军事处与秘书厅并列为总统办事机关,其中军事处以禁卫军军统冯国璋兼任总长,傅良佐为次长,田文烈为秘书长,均为袁在北洋系之亲信或幕僚。对于南京临时政府原设的参谋本部,中央政府北迁后袁仍将之列为总统直辖机关,参谋总长一职因黄兴未就而由临时副总统黎元洪遥领,并进一步明确凡关于国防用兵的一切计划和命令,须呈请大总统认可后,方能分别咨行陆军部、海军部办理。他甚至不顾南方革命党人的反对,将原巡防队、武卫右军改编成一支拥有 35 个营的拱卫军,由段芝贵任总司令,袁乃宽为军需长,受总统府直接节制。

第一届内阁组成,陆军部、海军部为国务院所设十部之中的军事机关,陆军部的职权为管理陆军军政,统辖陆军军人、军属,监督所辖官署,海军部职权亦同。由于当时以陆军为主,因此无论权限或设置均较侧重陆军部,陆军部总长由袁的亲信,素称"北洋之虎"的段祺瑞担任。虽然当时全国军队有中央军和各省地方军之别,且编制统属复杂,但作为最高军事机构,其"管理全国陆军行政事务"的职掌仍使之具有统掌全国军事的大权。

地方陆军军事机关按不同建制在各省区设置。民国初年各省设置都督,都督府为一省军政中枢,1913 年 1 月 8 日公布的《现行都督府组织令》明确规定各省陆军由都督节制。特别区域或次要之省份特设护军使署,该设置是一种临时措施,由中央视各地需要派遣,据 1913 年 12 月 19 日公布的《护军使暂行条例》,护军使分作两种:一设于无军政长官的省区,直属中央,并节制全省军队;一设于有军政长官的省区,其所辖范围另行决定。各省地方重镇设置镇守使署,负绥靖地方之责,镇守使一般多由师长、混成旅长、旅长等充任,根据各地情况不同,职权各有侧重,编制亦不相同,绥远、察哈尔、热河等特别行政区则特设都统署。地方军事机关设置繁复,其目的即借此从军政方面强化中央集权,控制地方割据。

其次,袁世凯对军队的编制进行了更新和调整,以进一步控制地方军事力量。1912年9月15日,袁世凯以大总统名义发布命令,实行"改镇为师",随后公布的《陆军平时编制条例》,对陆军部队的基干单位——师一级的编制进行了调整。这次调整不仅是在旧军基础上名称的变更,而且编制的统一和明确,使这一时期的军队向近代化管理迈进了一步。

第三,以各种手段削弱南方军事力量。1912年5月,袁世凯就在高级军事会议上提出"支持目前之财政,恢复地方之秩序,俱须从遣散军队下手",将南方各省在辛亥革命中招募的军队均列入裁撤对象,并以"不予经费支持"的手段,制造经费"奇绌"的局面,迫使南方各省自行整编裁遣。如首义之区湖北原有军队8师,陆军部仅允保留3师,后因裁撤困难不得不要求改为5师;湖南原有5师2旅,裁遣5个师后仅余1.1万人;甚至黄兴由于财政困难和种种矛盾而主动放弃了南京留守的责任,使南京临时政府残存下来的军事指挥中枢从此宣告结束。与此同时,袁世凯又以"军民分治"为所谓治乱措施,企图削弱辛亥革命时期先后独立的南方各省都督手中的军政权力,终因受到江西都督李烈钧、广东都督胡汉民等革命党人的反对而草草收场。

虽然通过以上措施加大了北洋军阀集团在当时军事实力中的比重,使袁世凯在政权运用当中更加有恃无恐,但实际上袁世凯在继任临时大总统以后,他的政治欲望又发生了变化——要尽快获取正式大总统的职位。然而,他所面临的政治形势是复杂且严峻的。

袁世凯就任正式大总统

根据《临时约法》的规定，中华民国采行责任内阁制，大总统只是居于虚位的国家元首，而非实际的行政首长。经与责任内阁较量后的袁世凯，已不满足于通过内阁控制政权的形式，而要求真正握有实权。可是按《临时约法》规定，组织政府的程序应是先产生临时总统和临时政府，然后再由临时总统根据参议院所制定的国会选举法和组织法，在十个月内召集和选举出正式国会，由正式国会制定出宪法后，再根据宪法，最后产生正式总统和政府。这对袁世凯是一个很大的约束，因此他对资产阶级的国家政体十分厌恶，但他又深知，在当时的社会潮流下仅以武力难以征服人心，而民主共和是最耀眼的招牌，政党组织则是最可借用的工具，特别是后者。当时派系纷杂，鱼目混珠，对于那些官僚政客、投机党派，袁世凯早已深窥其心，只要将他们玩于股掌之上，就等于铺就了登基的阶梯。

国民党一直是袁世凯处心积虑谋求翦除的政治势力。他不仅指使亲信派人刺杀了标举"政党政治"之旗帜的国民党代理事长宋教仁，以血腥手段消灭了他的主要对手，又强力镇压了革命党人武力讨袁的"二次革命"，并先后下令逮捕、通缉多名坚持讨袁的国民党议员，还动用军警，以"勾结乱党，谋叛民国"等罪名将国民党议员伍汉持、宪法起草委员徐秀钧逮捕后先后杀害。袁世凯为抵制和削弱国民党在国会中的势力，采用了以"政党政治"还击"政党政治"的手法，利用在其授意下撮合起来的第二大党——进步党组成"第一流人才内阁"，"以助袁氏"。但袁世凯对进步党的信任还是有限的，他嫌这些人太斯文，不能直截了当地满足其独裁统治的各种需要,便人为地制造种种困难,使这届内阁不得不辞职下台。

尽管当时的国民党已很软弱无力,进步党对袁也是亦步亦趋,但袁世凯还是觉得不如搞一个由他亲手操纵的党更为得心应手——需要时只要信手拈来,无需作什么表面文章。因此,在"二次革命"后,即命令他的爪牙、时任总统府秘书长的梁士诒出面利用金钱和地位直接在国会中收买一部分议员,于大总统选举前夕的 9 月 18 日组成以梁士诒为首、叶恭绰为副的一个近百人的"公民党"。因系御用,很多目光短浅的政客、官僚纷纷加入,凡议员入其党者,即按月发给 200 元津贴,使这个党一时大有与进步党、国民党三足鼎立之势。公民党是袁世凯在国会中的打手党,由于担负着把袁世凯捧上正式大总统宝座的任务,所以该党成立后即议决"以正式总统选举为本党政策之第一步",开始在国会内外大肆活动。

专为大总统选举而拼凑起来的公民党遵照袁的意旨,在国会中主张先选总统,后定宪法。但是,《临时约法》已有明确的程序规定,显然无法施行。为应付舆论的谴责,袁世凯打出他的武力王牌——让全国十九省区的军事长官发表联名通电,并以黎元洪领衔,胁迫参众两院"将一切议案概从缓议",先"从选举总统入手",甚至限令"浃旬之间,期于竣事"。时任副总统的黎元洪因杀张振武一案已有把柄在袁之手,一切均按袁的意旨照办。另外,当时一些议员还存有幻想,认为正式宪法将比《临时约法》更有效力,会迫使其不得不走法治之路。在这样的情况下,即产生了一个折衷方案,即把总统选举法从宪法中首先提出来,由国会中的宪法起草委员会予以制定,并提交两院联席会议公布,以便选举总统。

　　9月5日，参众两院通过了先选总统案；10月4日，由国会公布了一个由宪法起草委员会久拟未定的大总统选举法。又因袁世凯急于在双十节前就任正式总统，于是决定于10月6日根据这个总统选举法选举总统。袁世凯终于如愿以偿。

　　中国历史上第一次正式的"民主"选举竟是这样一次荒唐绝伦的奇观。其实当时全国并无人出面与袁竞选，但他为保险起见，下令京师警察厅和拱卫军派出几千名便衣军警、侦探、兵痞和自称"公民团"者万余人包围会场，纷纷攘攘，声称"非选出属望之总统，不许议员出门"。当天，两院议员共到759人，根据总统选举法，"总统选举以选举人总数三分之二以上之列席，用无记名投票行之。得票满投票人数四分之三者为当选。但两次投票无人当选时，就第二次得票较多者二人决选之，以得票过投票人数半数者为当选"。当时有部分议员愤于袁以武力威胁国会的行动所给予的难堪，不肯投袁的票，使第一、二次投票都无法选出，到第三次袁世凯与黎元洪决选时，袁才以507票勉强当选。选举自早晨开始至夜10时结束时，两院议员方获自由，而此时门外的流氓地痞领赏后也一哄而散。

　　10月10日10时10分，在清朝皇帝登基的太和殿举行大总统就职仪式，袁世凯乘8人抬大彩轿，并有金盔蓝服持戟的卫队240人为前导，在侍从官的簇拥下登台就职，俨然是一副封建帝王的气派。至此，袁世凯终得正位北京，以正式大总统的身份开始了更加专制的统治，也由此走向帝制自为的不归之路。

民
初
社
会
习
俗
的
变
化

解放思想、破旧立新的时代潮流

　　社会习俗是一种特定的文化现象,是社会意识的表现形态之一,它的发生、发展和变化与同时代的政治、经济、文化有着密切的关系。辛亥革命是中国历史发展进程中的重要里程碑,具有划时代意义。但由于辛亥革命的成果很快被袁世凯所攫取,使时代大潮中时有逆流和漩涡。因此,考察包括京津地区以及河北、山西、内蒙古在内的华北农村在辛亥革命后十余年间的社会习俗变化,即可以从时代的一个断面来说明辛亥革命对整个社会的冲击程度,又可以感知传统势力的强大惯性,从而对 20 世纪初北洋军阀统治下的近代中国社会的种种现象会有更深刻的理解。

　　一般说来,扩散与倡导是促使习俗变化的两种主要途径。符合时代潮流的新观念、新习俗一旦形成,便会浸染、扩散到社会各个方面,这是符合人类社会发展的自然规律的。辛亥革命后的情况正是如此。客观环境发生了质的变化,给民俗变革提供了基本条件;与此同时,以孙中山为临时大总统的南京临时政府在建立共和新体制的同时,也十分重视对社会风尚的改革,颁布了一系列有关革除旧俗陋习的法令,给民俗变革注入了动力。仅 1912 年 3 月,即有《大总统令内务部禁止买卖人口文》《大总统令禁烟文》《大总统令内务、司

81

法两部通饬所属禁止刑讯文》《内务部咨各部省革除前清官厅称呼文》《大总统令内务部晓示人民一律剪辫文》《大总统令内务、司法部通饬所属禁止体罚文》《大总统令内务部通饬各省劝禁缠足文》以及《大总统通令开放疍户、惰民等,许其一律享有公权私权文》等政令通告全国,说明新生的共和政府已意识到解放思想、革除旧弊是引导全国人民步入新时代的当务之急。尽管这些法令在执行中遇到种种阻碍,甚或有的只具空文,尚未得以实行,但社会潮流势不可当,时代的变迁会带动并唤醒生活在社会底层的广大农民群众,使农村的生活习俗诸方面发生了不同程度的变化。诸如:

(1)岁时节令

岁时节令是在人类与自然界的依存关系中产生的。我国沿用农历已达两千多年之久。农历元旦(正月初一)为一年之始,故城乡尤重此节,"前清迎春之礼本于王制,定为庆典"。依旧俗,届时民间"盛衣冠,设香烛,拜天地、祖先",山西芮城、永和等地还保留着"插柏枝""挂桃符"的原始习俗,以求吉兆。依次还有诸多节令,如元宵节(正月十五)、填仓节(正月二十五)、龙抬头(二月初二)、清明节、浴佛节(四月初八)、端午节(五月初五)、晒衣(书)节(六月初六)、乞巧节(七月初七)、中秋节(八月十五)、重阳节(九月初九)、送寒衣(十月初一)、腊八(腊月初八)、祭灶(腊月二十三)、除夕等。每逢节日,除民间活动外,文武官员还要至公所行跪拜之礼,带有政俗合一的浓厚色彩。1912年1月2日,孙中山以临时大总统名义发布建元通电,并改行阳历。更易正朔得到全国人民的一致拥护,各地纷纷遵照执行。此后逢阳历元旦,各机关、公所"悬灯结彩,互相庆贺",更有些地方连同旧俗之迎春等节令俱废,官祭活动"亦不举行"。

随后,临时政府又定 10 月 10 日为国庆日,其他纪念日也逐渐增多,在新定节日期间,"地方各机关、各学校皆会集于一处,登坛演说,发扬国光,举行庆贺之礼"。共和节日从内容到形式都洋溢着时代气息。

(2)祭祀礼制

祀典活动是封建礼制的组成部分,长期以来,它已由一种礼仪习俗而演化为对人们思想和社会生活进行教化作用的礼仪制度。在我国最早的有关礼俗的记载中,便有"礼俗以驭其民"之说,最直白地表达了它的社会功用。祀孔是封建社会里最高形式的祭祀活动之一,内蒙《张北县志》载:"自汉魏以来盛行祀孔,尊崇日隆,历代相沿。至清,春秋二祭优礼有加。"孔子被尊为"至圣先师",各县均设文庙,每岁春秋仲月上丁,必供奉"牺牲",并陈设祭器,如簠、簋、樽、爵等,由最高地方官主持,行三跪九叩大礼。辛亥革命以后,虽然这一传统礼俗难以根本革除,但各地仍有诸多改革,如在形式上,"原订祀孔典礼跪拜祭服均与规则(指民初新颁各种习俗礼制——笔者注)不合,拟除去拜跪礼,行鞠躬礼,改祭服为礼服";在内容上,将活动注入新内容,据《合河(今山西兴县)政绩》载称,该县在文庙内建立讲室,除讲经外,还宣讲中外名人格言,讲国家大事、世界大事及人民须知等,"因听讲人数愈增愈多,遂改在棂星门外露天讲演,环桥而听者千数百人。士民云集,气象雍容"。由此以来,被统治阶级神化了的孔子逐渐被恢复了真实面目,民初在各学校通行的《尊孔歌》曰:"泗水之精尼丘灵,博学而无所成名。风尘跋涉十四载,夫子从未有倦容。天生圣德在济世,岂若匏瓜系不食。当时设为一国相,焉能文教被八荒。当时设若富贵终,焉能修经传无穷。匹夫而为百世师,一言而为天下法。天生夫子何其厚,布衣

83

千载世其家。"其内容基本摒弃了政治说教,而主要是敬教劝学,通过扫除普通民众对孔子盲目崇拜的心理,中国传统文化的精髓才能逐渐深入人心。

（3）人生礼仪

人生礼仪是有关人的生死过程中各重要阶段的风俗,包括生育、婚娶、贺寿、丧葬等。民初以婚俗变化最大。中国传统习俗历来将婚嫁列为人生大事,自先秦以来,六礼(纳采、问名、纳吉、纳征、请期、亲迎)已成为封建社会婚姻礼俗的统一规范,无论其仪式如何郑重,其实质却一仍"凭媒妁之言,以父母或家长之命行之",而根本否定了当事人的意志。清季,西风东渐,社会上尚鲜见自由婚姻者。辛亥革命后,在正面倡导下,社会风气大变。首先是议婚之变。很多知识青年勇敢地冲破封建罗网,大胆争取婚姻自主。河北《井陉县志》载:"近今一般在外求学之青年男女,反对旧日包办婚姻制者时有所闻。"河北《昌黎县志》亦称:"近来自由之说兴,结婚离婚之案屡见不鲜。"在择偶方式方面,则有记:"民国以来自由平等之说至盛,废媒妁父母之命,自由结婚,择日相会。"其次是婚礼之变。旧式婚礼须以彩轿迎娶,新妇入门要坐床三日,其间尚伴有种种陋俗,使新婚夫妇窘苦难言,故有"婚丧总是大排衙,不论绅民士庶家"之说。辛亥革命后,社会进步,"旧礼已不适用,改用新礼",其仪式多为"设一喜堂,用志结婚人、主婚人、介绍人、男女傧相、男女来宾,奏雅乐,济济一堂。礼毕,在饭馆设席答谢,一日即可了事";有的除采用鞠躬礼等新式礼节外,还增加了男女宾演说等内容,使气氛格外活跃。这种新式婚礼简约文明,因此很容易被群众接受。据河北《沧县志》所记,文明结婚"皆仿之大都邑,非沧地所特有",便可作证。三是婚龄之变。以往农村盛行早婚,偏远地区更甚,如山西虞乡县"尽有十三四岁即行嫁娶";察哈尔地区"男子有十二三岁即为授室娶妻者,而妻每大于夫数岁至十数岁不等"。民国期间,随着婚俗改革的宣传,人们开始认识到早婚"不但害传种,亦害教育",因此男子完婚年龄已多在十六七岁以上或二十左右,女子与男子略同。旧式婚俗尤其是包办婚姻的瓦解不仅反映了当时社会的进步,重要的是,它对一代青年有更深远的意义。

（4）妇女解放

改变妇女命运是辛亥革命对旧礼教冲击力最强烈的表现,也是矗立在我国女权运动史上的一块丰碑。它的作用和影响已为当时人所充分肯定,认为:"女子之才力聪明不亚于男子,而建立事业卒不若男子者,盖以古圣先贤每致慎于男女之界也……今既抉其藩,破其垒,将数千年之束缚锢蔽豁除于一日,虽人力使然,亦世界之潮流为之也。"民初,妇女解放的首要功绩是改变了缠足恶习。1912年3月13日,孙中山为此特发《令内务部通饬各省劝禁缠足文》,指出:"恶习流传,历千百岁,害家凶国,莫此为甚","当此除旧布新之际,此等恶俗,尤宜先事革除,以培国本"。对此号召,身受其害的广大妇女热烈响应,各地纷纷自发成立"天足会",进行广泛宣传,禁缠足,倡天足,还协助推行放足办法。较开明的地方官还专设女稽查员到各村挨户检查,致使缠足恶俗在诸多旧俗中被革除得最快,收效最大。山西《芮城县志》载,至民国十二年,"现今十五岁以上妇女尽行解放,十三岁以下绝无复缠,数千年恶习而一朝铲除殆尽"。当时,河北无极县流传着这样一首民谣:"大脚好,大脚乐,去操作,多快活,又不裹来又不缠,又不疼痛又省钱。大脚大,大脚大,阴天下雨我不怕。大脚好,大脚好,阴天下雨滑不倒。"这首通俗民谣真实地反映了被解放妇女的快活心情。

（5）生活习惯

生活习惯的变化是在社会变化的大潮中潜移默化地深入各个角落的。剪除发辫曾是革命者反满的标志，辛亥革命成功后，在城市里更成为一种时髦，而在广大农村，发辫存留问题的政治色彩随着清朝的长期统治被逐渐淡化，已成为生活习惯的一部分，因此在民初剪辫之风盛行之时，"偏乡僻壤留辫者尚复不少"。为此，孙中山在1912年3月5日颁布的《大总统令内务部晓示人民一律剪辫文》中号召"凡我同胞允宜涤旧染之污，作新国之民"，并限定二十日内一律剪除尽净。这一政令很快被人们所接受，如山西襄垣县，"男子削发盖无一人拖辫矣"。

新式的礼节和称谓的变化改变了繁文缛节和等级观念。辛亥革命前，在封建礼教的约束下，尊卑上下，等级森严；辛亥后废除"老爷""大人"之称谓而改称"先生""某君"，废除跪拜之礼改行新式礼节已极为普遍，"晤面人或脱帽，或鞠躬，或握手"，即在穷乡僻壤，"亦不少见"。

衣饰的变化较为显著，但城乡之间颇有差别。城里人时兴"男有洋装革履，女多剪发旗袍"，而"乡人视之，此则为一县一市之特殊阶级，未可以普通人视之"。但乡间农民的衣着质料、样式方面毕竟也改变了过去黑、蓝、白、紫花等土布衣裤的旧貌，出现了"衣服好仿新式"，"宽窄长短时有变迁"的情形，故有人形容当时"虽一邑中，无不五光十色，呈特异现象云"。帽子则时兴大礼帽、常礼帽；鞋袜也改变了过去多为自制的铲鞋或方口鞋式样，尤以坤鞋种类多变，"机器袜近亦畅行"。随着衣饰的变化，新式消费品开始进入农村，不少文献屡见有关民国以来"试一游村落，间见夫口衔纸烟，足穿线袜者比比皆是"，其他如化妆用品、纸烟洋皂等类,亦有"市肆罗列,销售日多,苦工贫户,亦争用之"等记载,虽有言过其实之嫌,但也反映出农村生活状况变化之一斑。

交通工具也有变化。过去习用的肩舆轿乘带有明显的等级观念,"民国以前城镇皆用之,现已废"。自行车开始流行,当然,它当时还不是广大农民的代步工具,但社会上取消了达官贵人颐指气使而劳动人民备受劳苦和屈辱的形象,不能不被时人盛赞为"文明进步之好现象也"。

卫生问题开始引起注意。山西《合河政纪》强调"国民种族之强弱,以卫生行政之优劣而断",批评以往"我国对于卫生向持放任主义,实无所谓行政";天津《静海县志》中则提出了"农民之卫生"的六个方面,即空气、沐浴、种牛痘、医院、防疫、清洁,认为应全面提高农村的卫生水平。有的地方已经将改善环境问题付诸实践,如建房已不满足于旧式土房"足蔽风雨而已",在设计方面注意到了"光线空气,咸解讲求"。

生活习惯的变化反映了人们对物质文化需求的改变和提高,同时也体现了商品经济在农村市场开始活跃。由此,再次说明民俗更易与经济因素之间的作用与被作用的关系。

(6)社会风尚

思想观念的改变必然带来社会风尚的变化。辛亥革命后,世风大开,新风尚之兴盛,主要体现在振兴教育和大办实业两端。

民国肇始,临时大总统孙中山连发数令,强调教育兴国,明确指出:"学者,国之本也,若不从设法修旧起废,鼓舞而振兴之,何以育人才而培国脉。……惟教育主义,首贵普及,作人之道,尤重童蒙,中小学校之急应开办,当视高等专门为尤要。"另外,还在《命安徽都督查究贵池小学损失各物令》及《令陆军内务两部会同教育部保护各处学堂及充公房屋文》等命令中一再倡导"重文教",并为在戎马倥偬的动荡后恢复必要的教学条件问题提出具体解决办法,体现了共和政府对普及大众教育的重视态度。在民初十余年间,华北地区的教育事业发展很快,且以普及教育为特色,因而有"中华民国改了良,拆大庙,盖学堂"的童谣流传于民间。笔者据有关资料统计,北京良乡县境内辛亥前仅有各种书院24所;民国五年(1916年)即已成立国民学校25所;至民国十二年(1923年),全境共增国民学校87所。津郊静海县民国四年(1915年)有学校56所,至民国十二年(1923年)已达125所;全境高初级学生计4 041人。山西兴县"僻处山隅,村庄零落,识字人民不过百分之三",民国初年全县只有高小二校及一支校,民国后大兴教育,至民国七年(1918年)已有学校30余处。察哈尔省则自民国四年(1915年)始创蒙汉教育事务所为专设机构,推行教育,是时,直辖学校"有四旗八群国民学校十余处"。学校种类也由过去的旧学堂而改变、增设具有实用特色的各类专业学校。如天津不仅有初等电报学堂、工业学堂、商业学堂、艺徒学堂,还有中等农业学堂、高等政法学堂、医学堂等。尤引人注目的是各地逐渐开办女子学校,山西临晋县的278所学校中,即有58所为女国民校,尚有男女合校147所。在教育形式发生变化的同时,教育内容也有很大改变。清末新政曾对教育有所革新,当时"设功课八门,为修身、经学、地理、国文、算学、历史、国画、体操,每门各占时间若干,以时更易,大率以经学为主"。民国元年(1912年),改高等小学堂为高等小学校,"功课去经学,加农业、音乐、英文、手工、理科共十二门"。这一时期,有大批知识分子抱着教育救国的热望投身于革命洪

流,并作出了积极贡献。民国二十一年(1932 年)纂修的河北
《景县志》中的《人物志》列入民国人物九人,其中四人是以积极
办学而入志的,其事迹,有"将王谦寺庙内道士驱逐,毁倒坐观音
建大讲堂"而推行通俗教育、女子教育者;有在本县小学任教
"循循善诱"者;有为创办学校"终日一食,夜不暇寝亦不顾"者。
这些知识分子不仅传播知识,而且向民众晓示道理,进行爱国
家、重道德、崇节俭、讲卫生、劝职业等宣传;有的还开设平民学
校,普及珠算、记账、写信、礼节诸端,以提高百姓的文明程度。
推行教育的结果,在短期内即有人脱颖而出,如河北昌黎县仅十
余年后即"毕业于国内外大学者亦不乏其人",那么,其远期效
应当可推知了。

　　辛亥革命给在艰难道路上跋涉的民族工商业带来了巨大的
推动力,振兴实业之风开始波及城乡。1912 年 2 月 2 日和 18
日,孙中山连续在两个通告中号召"民国肇基,商务为实业要政
之一,亟应恢复","和衷共济,丕兴实业",并在政策上提供了有
利条件,遂使实业界拓宽了经营领域,乡村商业、手工业相继兴
起。县城内一时商店林立,不仅经营生产、生活必需的粮油杂
货,还收售当地特产,转运转销,如民国十二年(1923 年)良乡已
有商品集散地 3 处;县城有商店 74 家,琉璃河有商店 87 家,窦
店镇有 42 家;河北沧县虽久为饥贫之地,此时"提花工厂、织布
织袜工厂及妇女编草帽辫似足风行一时"。其中最为典型的是
河北高阳县,当地虽原有织布业,但"工具既笨,出货亦少",辛
亥以后,该县布业振兴,至民国五年(1916 年)进入最盛时期。
当时国内各纱厂纷立,日本为占领中国市场生产一种 42 支合股
线以作竞争。于是,高阳则行"爱国布",将合股线先染成颜色,
再交织户织成 10 斤左右之爱国布,"销路则辟河南之洛阳、陕西

之长安、察哈尔之张家口各处,每地最盛时可销百万匹"。工商业的发展还为广大贫苦农民开辟了新的生活出路,如河北沧县、青县,就有大批农民涌入城市从事建筑业,"邑之业瓦工者百十成群,从事于平津奉热吉黑名(各)地,所入颇优",这是一批较早由乡村农民转化为工人阶级的队伍,在生产斗争和阶级斗争中,他们的觉悟迅速提高,"劳工神圣"的观念代替了昔日逆来顺受、听天由命的传统思想。"太阳落,工人笑,饭得吃,钱得要,掌柜的着急不中用,掌作的瞪眼也是白闹。"这首歌谣反映了早期工人阶级为掌握自己的命运而斗争的精神面貌。广大农村地区的实业发展和大批农民从土地向城市工商业的转移,是社会习俗和风尚变革带来的直接后果之一。

（7）其他方面

民国初年还有一些破陋习、立新风的举措值得记述。如贩毒吸毒曾是民间一大危害,《大总统令内务部通饬禁烟文》中指出:"推其为祸之烈,小足以破业殒身,大足以亡国灭种。"1912年3月6日发布禁烟令以后,各县采取多种措施,从禁种、禁运、禁售、禁吸诸方面控制吸毒蔓延。山西合河地区不仅完全禁种,而且还缉拿烟贩,重惩示众。在民国六年(1917年)至八年(1919年)的两年时间里,该县拿获烟犯174人,收缴烟土3241两5钱。为端正社会风气,当地还制定禁令八则:禁赌博、禁巫觋、禁暗娟、禁首饰、禁遗弃(弃婴)、禁异服,禁异教(迷信活动)、禁淫戏使神婆仙姑、迷信淫秽等丑行逐渐减少。

在南京临时政府的积极引导下,农业生产逐渐恢复,各地纷纷成立农会,津郊静海县还专设农事试验场,"以谋改良农产一切事业",其结果是"民国以来物质文明稍稍输入,居民生活程度日高"。另外,人们还开始注意社会事业。内务部于1912年2月29

日准予被万国红十字会联合会承认的中华红十字会备案后,一些县份随后成立了分会,并冠以"世界红十字会某县分会"的响亮名称,以"健全个人自立之精神"和"谋助世界共享之幸福"为宗旨,平时预防病疫,接种牛痘,若遇天灾兵燹,成立临时医院,救死扶伤。这些工作对解决当时中国的积贫积弱虽属杯水车薪,但毕竟是打破闭守状态,大胆服务于社会的举措。这种自新自立的精神面貌甚至影响宗教信仰,使民族自信心得以发扬。如河北涿县原有耶稣教徒 295 人,天主教徒 3 352 人,这些教民大多数是为得外国人保护而入教的,"迨民国以来,无论平民、教民,国家视同一律,由是潜移默化,民教相安,则入教者日渐减少矣"。

诸多民俗事象的变化表明,民俗文化始终是伴随人类社会进步而不断发展的。它随着社会生活的脉搏而跳动,因此必然与历史、时代、经济形态、思想意识有着不可分割的联系。辛亥革命推翻了几千年的封建统治,不论在城市还是农村,资产阶级革命的洪流以同样的力度冲击着一切阻碍历史前进的淤泥浊水,把一种新式文明在社会各个角落推广开来。城乡之间之所以在社会效果上出现差异,还应该考虑到地域、自然条件以及社会环境等多种原因,因此,对农村的考察更须从较长时间范畴和较广泛的社会领域来进行探索和对照,才能看到辛亥革命的巨大历史作用。

移风易俗中的逆向势力

民俗文化是作为中华民族传统心理定势和文化意识的积淀而存在的,它具有顽强而持久的生命力。这种延续性作为中华民族思想文化的精华部分伴随着革命潮流进入了新的历史时期;同样的,作为保守、落后甚至糟粕的部分也十分顽固地不肯退出历史舞台。因此,民国初年在移风易俗的同时,仍有很多的陈规陋俗以不同方式得以保留下来,有的甚至变本加厉,出现一种逆反现象。

首先,守旧观念是破旧立新的思想障碍。

笔者查阅了华北地区在民国期间编纂的志书七十余种,其中有近三十种记载的全部是有清以来的旧习俗,没有反映辛亥革命后社会现象变化的内容,即成书最晚的民国二十八年(1939年)本《邯郸县志》亦无所记。偶有涉及者,则或称该地"民风朴素,泥守旧制,民国成立,迄今未改";或谓"民国初建,无整齐划一之规,开馆礼制多未告成,即成而亦有未执行者"。有的则公开褒旧俗,贬新风,哀叹旧礼教的没落,如对包办婚俗,认为"吾国婚礼所重在父母之命、媒妁之言。繁其节文,正所以重其廉耻",讥讽自主婚姻为"苟合苟离";认为各种宣扬封建迷信的祭礼是"四时之祭尚存,而古礼为不失",对"乡里之间,多守旧礼,不稍变移"的落后现象竟以孔子之言赞曰:"吾观于乡,而知王道之易易也!"更有《高阳县志·序》称"近数十年来,受西方物质功利学说之震荡,使教育、政治、风尚、礼俗等均发生最激烈之变化。而过去变化之迹,且将日就湮没",强调必须立即将旧礼教习俗记录下来,以备日后抒怀旧之思。甚至对本不大的习俗变化也有人表示大不满,指摘祀先之典"付诸若有若无之列",议修礼制"时作时辍"等,并将之归咎为"水源木本之谓,何而轻忽若此,无怪民俗愈趋愈薄"。由上可见,思想上的保守是破旧立新的最大障碍,千余年的封建愚民政策和闭塞的生活环境使多数农民习惯于随波逐流,如果新的思想观念没有得到大力宣传,并配合有力的推广措施,他们几乎不可能从封建思想的枷锁之下解放出来。

其次,习惯势力是移风易俗的社会阻力。

新政令不能畅行。实行新历是正朔更替之必然,政府的改历通告发布后,一般农户仍多循旧历,虽因我国农村习惯以节气定农时,"习惯既久,猝改为难",但传统节日往往为复辟旧俗提供了泛滥的时机。在一片喜庆气氛中,敬神祀祖,磕头礼拜,旧礼肆行,如革除跪拜之俗,乡间久未实行,甚至接受新事物最早最快的士人学子"对于亲朋间,有行鞠躬礼者,然于家庭尊长,则用旧礼,不敢改也"。更多的旧士绅对此津津乐道,认为"政府虽已有明令,然人子孝敬之心自然有所不忍,此可见翼邑礼俗之厚矣"。再如丧礼仪式一如其旧。民国期间,官方已对丧礼进行改制:"以往三年之丧,上下通行,不分贵贱,有官者丁忧解职,士子不准考试。民国将改丧礼三年为二十七日,官不解职,士不辍考,且自父母始殁以至除服,凡先帝王所定一切之礼,悉废不用。"死亡是人生之旅的终点,因此丧礼较其他礼仪隆重,华北地区原有入殓、报庙、接三、做七、开吊、出殡、下葬、圆坟、家祭、墓祭等习俗,虽然共和政权已明令改革,然而至民国以后几无改变,且"至今跪拜礼久废矣,惟人之丧礼衰绖、稽颡仍沿前明等旧俗,虽历清及民国弗改"。缅怀死者是生人寄托哀思的一种形式,但在我国封建时代,祭祀亡灵已演变成宣扬孝悌伦常、散播迷信的手段,庄严肃穆的仪礼成为愚化民众的工具。在举行丧礼的过程中,更有很多人家不惜耗费,大讲排场,此风愈演愈烈,渐成流弊,至今流毒甚广。

封建礼制改头换面得以保留。民国期间各地祀孔之礼不但年年照例进行,而且形成定制。与前清相比,仅为仪式繁简不同而已,且定民国祀孔礼制,"其与清季不同者,述圣子思子改称述圣孔子,先儒郑康成改为郑玄,仪节三跪九叩改为四拜(后又改為三鞠躬),献官拜位旧在午阶下,今则移于殿门外"。大成殿祝文亦系民国初年依旧辞改订公布,各地一律。更煞风景的是,全体行三鞠躬礼毕后,有愿行跪拜礼者,可再自行设祭。其反映出来的思想实质,诚如山西《临晋县志》所云:"名易而实自在,所谓天不变道亦不变也。"

妇女地位难以彻底改变。妇女是旧社会受歧视和压迫最深的阶层,民初"妇女解放"的口号曾经给她们带来新生活的希望,但改变命运的道路却曲折而艰难。一是农村仍以包办婚姻为主。青年男女没有自由恋爱、选择配偶的权利,社会舆论仍提倡嫁娶应遵父母之命、媒妁之言,认为"轻于合者轻于离,难于合者亦难于离",指责"近来自由之说兴,结婚离婚之案屡见不鲜,婚礼视为弁髦",将所谓"苟合苟离者不为怪"的现象完全归罪于婚姻的社会新风;二是彩礼厚嫁之风流行,把广大妇女当作交易的商品。山西《沁源县志》即记述称:"民国以来,货物价昂,人趋奢华,凡非巨富之家,议婚必先论财。据近年考察,家愈贫者聘金愈剧。"民国九年山西《虞乡县新志》亦称:"嫁女索重聘,尤为近今恶习,几于挽回无术。"河北地区的情况亦然,《三河县志》载:"近年文明结婚,例有明文,但本邑多因仍旧日习惯,行新法婚礼者无有也。"《青县志》则记婚礼"奢侈之风日甚一日,初则富室用之,久之相沿成风,贫贱者亦非是而不用"。此风盛行,竟致使"小康之家娶媳妇,多数家道中落"。伴此恶习而生的是乡里多数人家因不堪重负而流行"打秋风",即所谓"分子",所出数额大概每人500至1 000(钱)为普遍,多者1元至数元不等,以此将陋俗的重压转嫁他人,他人逢娶嫁时再援此例,由此而恶性循环,害己害人,败坏风气;三是仍倡夫亡守节的陋习。在保守势力津津乐道于"吾观于乡而知王道之易易"的背后,是封建礼教吞噬妇女青春乃至终身幸福的悲剧,由于"三从四德""从一而终"等观念的毒害,很多妇女成为无辜的受害者。笔者所见华北地区在民国期间编修的地方志中,无一例外地记录着这些可怜可悲的殉道者。以河北新城县为例,自清康熙四十四年(1705年)至宣统三年(1911年)的206年间,入该县志为节妇者537人,而自民国五年至二十三年间,便列节妇105人。这些守节者中,后南里村人王国祥妻,23岁夫亡守节,至84岁卒,守节61年,为所记守节时间最长者;李家庄人李名欧妻客氏17岁于归,数月夫亡,守节至卒,为最年轻的守节者。

上述事实表明,辛亥革命后相当长的一段时间里,广大农村仍在习惯势力的控制之下。耐人寻味的是,以上诸方面都发生在共和政府不仅发布了革除旧俗的明令,且已颁布了新制后的情况下。这说明一种新的制度虽然符合时代的大潮流,但在人们还没有正确认识它的时候,如果不付诸有力的措施,仍将是一纸空文!

第三是落后的生产力和低下的生活水平使迷信活动历久不衰。

民间的很多传统节日和禁忌都带着原始信仰的遗风。在古人的心目中,自然灾异或风调雨顺,社会动乱或安泰繁盛,病夭祸患或康寿福禄,都是天数的决定或命运的必然,因而产生了"恭敬从命,便可得福;逆天违命,便遭天谴"的迷信思想。民国年间,以各种节日为名目的封建迷信活动仍大量地保留着,各地乡间还多设有先农坛、火神庙、马神庙、土地庙、风云雷雨山川坛等,由于华北地区旱灾频仍,所以祈雨活动较其他地区为多,规模亦甚隆盛。这些带有很强愚昧性的民俗活动反映了当时人们的认识水平,在非科学的认识基础上产生的心理状态既具有祈禳安康兴旺等积极的一面,同时也包含着畏惧天命的消极的一面。另外,一些民间迷信活动,往往被人用来中饱私囊而敲诈百姓。民国初年乃至以后较长时间内,在广大农村生产力十分落后的情况下,这是最容易用来抵消下层群众革命意志的手段。生产力落后必然导致生活水平低下,贫穷愚昧又造成人们思想上的困惑和无奈,因此,当时流行的封建迷信形式还有很多:为了维持正常生存而敬奉偶像的,如"家中则有家堂、天地、灶王、锺馗、门神、马王等;工商各业皆有专祀,而典仪隆重";为维护家族势力而祭祀祖宗的,如"厥惟士庶祭先祖。有宗祠者祭于宗祠,无宗祠者或祭于寝,或祭于墓,皆恪恭将事,无敢或怠,为民间最隆重之祀典";为消灾免病而祈求神的,如"遇有疾病发生,即延请喇嘛祷禳,或赴大仙庙问卜",届时"醵钱演剧,士女群集,荒废事业";更有女巫"招多数女子,诣神庙击有柄鼓,呼号跳跃,丑态万状"。对上述情形,甚至连修志者也深叹"鬼神之说,深入人心,牢不可破","自革命成功,极力破除迷信,然此风仍未艾也"。当时一些思想进步的知识分子对这些现象有所认识,已看到"教育不普及,人民知识浅陋",使"社会间之一切活动与礼教,咸未能改革,仍在固守中",有的还发出了"不破迷信,中国必不能振兴"的呐喊,可惜在强大的传统势力面前,多数人还是徒叹奈何而已。

第四,新生的腐化现象是败坏社会风气的催化剂。

民国肇始,秩序初定,在新旧交替之际,必然有弊端滋生,本不足为奇,但政界的腐化现象萌生极快,尤其北洋军阀政权的统治因循了大量旧制陋习,成为败坏社会风气的催化剂。虽然面临百废待兴、国帑拮据的局面,但行政机关"渐染奢侈,酒食征逐颇多靡费",此风蔓延民间,导致"踵事增华",由此又给"狡黠贪猾之辈"造成机会,他们"借地方多事,捷足先登,锱铢取之,泥沙用之,酒食征逐,闺门习尚,无不讲求文明,遂使奢侈成风,百物昂贵",而诸百姓"胼手胝足,经年辛苦,犹恐不足以供上之求"。河北成安县歌谣唱道:"月儿弯弯照九州,几人欢乐几人愁,几人高楼饮好酒,几个落魄在外头。"新政权刚刚建立,而旧时代的秕政便渐显端倪,多么发人深思!更严重的是它带给社会风气的影响极坏,河北《平山县志料集》中收录了民间讽喻所谓"时髦派"的一首民谣,称:"时兴的生意卖鸦片,时兴的婚姻常离散,时兴的军队常编遣,时兴的办事好装蒜,时兴的交情卖朋友,时兴的干员当走狗。"这些现象虽或限于某时某地,或失于某种偏颇,但仍暴露了世风起落的变化。

对民初社会习俗变化的几点思考

辛亥革命后十余年间华北广大农村社会习俗的变化说明,一场革命可以冲毁一座统治阶级的大厦,但要掀动深置于底层的基石并非易事。社会习俗"非一人而成,亦非一日而积",人数众多和历时长久的累积效应使之具有强大的历史惰性和顽强的抵抗能力。毋庸讳言,辛亥革命是一场不彻底的资产阶级革命,因此它的胜利果实很快被北洋军阀所篡夺,致使社会习俗在政治斗争的漩流中几经变迁。这里拟就辛亥革命本身以外的其他原因再作一些分析:

一、截至辛亥革命前的中国社会习俗具有原始性、阶级性和封建性三大特征。原始性的存在给传统习俗蒙上了古老而神秘的帏纱,使迷信和愚昧得以长期保存;阶级特征体现为统治者的精神压迫和人为的教化手段,是资产阶级革命的天然的对立物;封建的意识形态则具有强大的渗透力,它的观念和意识加重了民族的保守性,阻碍着新生事物的产生和发展。从理论上说,社会习俗的发展水平应该是当时物质文化和精神文化的直观反映,但民初的状况说明,资产阶级革命在这一领域并未达到理想的目的。其主要原因是中国传统的社会习俗本身所固有的超稳固状态,使我们看到民俗演进的速率大大落后于社会变革的速率,而出现不相适应的情况,这是不足为怪的。

二、辛亥革命后的客观环境没有形成移风易俗的有利条件。临时政府成立仅三个月,孙中山便让位于袁世凯,辛亥革命至此而夭折。北洋军阀执掌政权后,不仅对革命党人大加挞伐,而且对资产阶级革命的果实竭力摧残,致使封建残余几度泛滥,尤其在"洪宪帝制"和"张勋复辟"期间,几乎造成社会的全面倒退,随之而来的又是连年战乱,民无宁日。在社会动荡之中,辛亥革命时期的新风俗得以部分地保留和延续已属不易。这既证实了这场革命对中国社会的影响力,也说明在中国这块土地上进行革命的艰巨性。

三、当时中国大多数人的素质缺陷影响了兴革习俗的深度。辛亥革命在城乡引起不同凡响的事实从一个方面说明了不同人群的素质差别,而社会对时代变革的接受能力正取决于人的因素。当时人的素质划分和处世态度,诚如河北《威县志》所分析:"在今圣贤豪杰无不与社会风习战,故能转移社会而不为社会所转移,然而此魄力只可期少数人,未可期诸大多数人。此大多数人者,大都随社会变迁者也。"封建思想的束缚使人们习惯于因循守旧,缺乏革故鼎新的勇气和反抗精神,绝大多数在社会生活中处于非自觉的被动状态。可见人的素质和时代要求存在较大差距,因而不能苛求革命党人在短期内完成如此艰巨的历史责任。

袁世凯复辟帝制的准备

辛亥革命以后,作为资产阶级民主制度的两个重要标志——"国会"和《临时约法》,在1914年5月以前都先后遭到袁世凯的摧残而完全被破坏了。袁世凯为了集中权力,从1914年3月开始,先利用他所召集的"政治会议"产生出一个"约法会议",然后再由"约法会议"来讨论拟定符合袁世凯意旨的新约法。5月1日,根据袁世凯《修改约法大纲》制定的《中华民国约法》正式公布,同时废除《临时约法》,相对于《临时约法》,这个约法后来被称为"新约法"。

《中华民国约法》共十章六十八条,主要内容为改内阁制为总统制,并赋予总统至高无上的权力。袁氏"新约法"的特点有三:(1)行政权(换言之总统的权力)无限度地扩张;(2)立法权及行政监督权极力缩小;(3)废责任内阁制,采取总统制。不难看出,这个所谓"新约法"已经成为袁世凯由总统向皇帝过渡的桥梁。这个约法杂抄了美、日、法、德的宪法条文而成。来自美国的法学博士古德诺则是主要的指导者。袁世凯"新约法"的公布标志着袁世凯集中权力的过程进入到一个更高的阶段,他不仅要扫除那些横亘在他集中权力前的障碍,而且要直接建立高度的集权独裁。实际上,这就是袁世凯准备复辟帝制的前奏曲。

袁世凯根据所谓《中华民国约法》，在大总统的名义下开始进行皇帝排场的改革：

"新约法"第三十九条规定："行政以大总统为元首，置国务卿一人赞襄之。"据此，袁世凯在这个"新约法"公布的当天，就通令全国，废国务院，设政事堂。5月3日又公布了大总统府政事堂组织令，在大总统府设政事堂。政事堂置国务卿一人，下面分设法制、机要、铨叙、主计、印铸五局及司务所等机构。袁世凯设政事堂的目的，是要暗示其臣属，他要做皇帝。臣属都已有了皇帝时代的官职，那么主上又何能没有皇帝的名称呢？

5月20日，袁世凯又进行了另一项皇帝排场的改革，他成立了一个更能运用自如的参政院，代行立法院职权，任命副总统黎元洪兼院长。设立这个机构的目的，主要是为了修改大总统选举法。经过几个月的炮制，1915年元旦，《大总统选举法》通过并公布。

这个选举法虽列有13条之多，但总起来说只有一点，那就是：只要袁世凯愿意做下去，任何情况都不会使他失去这一地位；即使他不愿做下去的话，也可以由他指定的人来继任。这样一来，不仅袁世凯自己成了终身总统，而且袁氏家族尚可世袭罔替，"中华民国"实际上就要变成"袁氏帝国"了。

6月30日，袁世凯为了实现集权独裁，下令裁撤各省都督，在京师特设将军府，遣派将军督理各省军务；7月18日，公布《将军府编制令》，有冠以"武""威"虚衔的上将军和将军等不同名号；7月28日公布了文官官秩令，把"官"和"职"分开，有的是有官有职，有的是有官无职。文官分为三等九秩：上卿、中卿、少卿，上大夫、中大夫、下大夫，上士、中士、下士。国务卿徐世昌授上卿。

只有总统选举法和中央机构的改革,袁世凯还嫌不够,他又进行了地方官制的变动。1914年5月23日,袁世凯公布省、道、县官制,改省民政长为巡按使,改道观察使为道尹,县称县知事;6月2日,公布各省所属道区表;7月6日,公布《都统府官制》,改绥远城将军为都统,与热河、察哈尔取得一致,成为特别行政区;10月4日,又公布《京兆尹官制》,改顺天为京兆,设京兆尹,正式成为一特别行政区。这样,以袁世凯为代表的北洋军阀势力从中央到地方便得到了进一步的巩固。袁世凯也自此后可以为所欲为了。

在舆论上,尊孔复古的逆流大肆泛滥。自民国肇始,在民主革命潮流的冲击下,人们的思想从孔孟之道的封建枷锁下得到了一定的解放。当时,有一份名为《大中华民报》的报纸曾这样描述过:"湘鄂之野,吴越之区,百粤之地,蜀滇之中,秦晋之间,无工商,无士庶,莫不现一种自由之风、共和之气。"这一记载反映了当时社会的新气象,令人鼓舞。但是,由于专制主义的思想体系根深蒂固,旧势力难以扫除尽净,因此社会上的复旧思想乃至复辟行动从未间断。袁世凯正是利用这种腐朽势力,为其帝制活动制造理论根据和舆论环境。

早在1912年9月,袁世凯即发布了《通令国民尊崇伦常文》,倡导"中华民国以孝悌忠信礼义廉耻为人道之大经";1913年6月,又发布《通令尊崇孔圣文》,将尊孔作为恢复旧礼教、提倡封建传统伦理道德的招牌。及至袁世凯图谋帝制自为的时候,孔圣、孔教的精神偶像地位便随之死灰复燃。他更指使徒党所操纵的"宪法委员会",妄图把"以孔教为国教"的提案订入宪法,为帝制复活作准备。一时间,"孔教会""孔圣会""崇道会"等频频出现,《孔教会杂说》《不忍杂志》纷纷出笼,封建余孽、军阀政客无不厕身其间,顽梗不化的张勋竟出任为孔教会总干事。反之,袁世凯对于妨碍其独裁的舆论,则利用手中的军警为工具,以钳制手段实行文化专制。1914年2月3日,下令停办各省地方自治会;3月2日,命令公布《治安警察条例》,禁止秘密结社;4月2日,公布《报纸条例》,严格控制各种报刊和宣传品。

在这场复古浪潮中,还有一批外国文化掮客参与其间。美国传教士李佳白发表文章,认为孔孟之道是"人类共通之原理";袁世凯的日籍顾问有贺长雄提出,在宪法中应明确规定"孔教为国家风教之大本";俄人盖沙令在抛出的《孔教乃中国之基础》《中国之新命必系于孔教》二文中,不仅鼓吹孔教是"中国独一无二之根本",甚至公开宣称,只有将孔教发扬光大,人心才不至"皆为革命所颠倒"。他们的用心已昭然若揭。

当袁世凯的帝制活动进入实质性的准备阶段后,当时社会上已到处涌动着一股以尊孔、祀孔为表现形式的复辟逆流。祀典活动是封建礼制的组成部分,它已由一种礼仪习俗演化为对人们的思想和社会生活进行教化作用的礼仪制度。在我国最早的有关礼俗的记载中,便有"礼俗以驭其民"之说,最直白地表达了它的社会功用。祀孔是封建社会里最高形式的祭祀活动之一,孔子被历代统治者尊为"至圣先师",被装扮成传统道德的思想代表和精神偶像。1914年9月和12月,袁世凯先后正式颁布了祀孔、祭天令,公开恢复前清的祀孔、祭天制度,并亲自到孔庙和天坛顶礼膜拜,他的一番表演,将尊孔复古之风推向高潮。

不言而喻,这些尊孔复古活动是袁世凯实施帝制的准备,但也不可避免地为其他复辟势力提供了思想武器。由于袁世凯欲坐金銮的蛛丝马迹逐渐暴露,加之其御用文人、亲信门生的推波助澜,使社会上的风言不断,似乎袁世凯缺少的只是皇帝的尊号和黄袍加身了。事情的发展正如鲁迅先生后来在《现代中国的孔夫子》一文中所说:"从二十世纪开始以来,孔夫子的运气是很坏的,但到了袁世凯时代,却又被重新记得,不但恢复了祭典,还新做了古怪的祭服,使奉祀的人们穿起来,跟着这事而出现的便是帝制。"

袁世凯的帝制准备之所以在民主共和的国家政体之下如此猖狂地进行,其中最重要的原因是有北洋军阀集团的军事力量为其后盾。赣宁之役后,由于北洋军阀军事实力的扩充,1916年全国军队已号称(川、滇、黔、粤等省军除外)"共计陆军三十三师,混成旅及步骑兵旅九十七旅,混成团及步骑兵团三十三团,此外巡防各军约四百二十八营",而已编成 14 个陆军师和 15 个混成旅及 2 个近畿陆军旅,构成北洋军阀的基本军事力量。在经过大量购买外国军械将这些嫡系部队进行了近代化的装备与训练后,北洋系统的军事实力达到了空前强大的阶段。同时,在北洋嫡系势力利用赣宁之役大举南下的过程中,袁世凯通过段祺瑞掌握的陆军部对全国兵力进行了调整和部署,以保障其统治的稳固,至帝制实施前夕,军队的调配已基本成定局。

列强对帝制的态度虽方式不尽一致,但总目的都想借机掠取更大的权益。

英国希望袁世凯能建立起一个为英国所需要的殖民地政权,对于帝制是表示赞成和支持的。英使朱尔典在欧战爆发前的几个月,曾在一次密谈中,向袁世凯表示了他和美国驻华公使柔克义、嘉乐恒都主张中国实行君主立宪的意见。

美国在辛亥革命时也如英国一样是主张君主立宪的,并且它比英国更热心些。袁世凯的政治顾问、帝制策划者之一便是美国的法学博士、哥伦比亚大学教授古德诺(F. J. Goodnow, 1859～

古德诺(前中)与有贺长雄(古之右)

1939年)。古德诺对于袁世凯复辟帝制作出了极大的"贡献",他在1915年8月发表了一篇袁世凯所需要的《论共和与君主》。他的这篇"论文"在论述、比较了英美等国的政治制度以后,首先从"理论"上说明,"民智低下之国,其人在平日未尝与知政事,绝无政治之智慧",要这种国家"率行共和制,断无善果";然后他又具体"讨论"中国问题,侮辱中国人民说:"中国数千年来,狃于君主独裁之政治,学校阙如,大多数之人民智识,不甚高尚,而政府之动作,彼辈绝不与闻,故无研究政治之能力。四年以前,由专制一变而为共和,此诚太骤之举动,难望有良好之结果者也。"并下结论说:"然中国如用君主制,较共和制为宜,此殆无可疑者也。盖中国如欲保存独立,不得不用立宪政治,而从其国之历史习惯、社会经济之状况、与夫列强之关系观之,则中国之立宪,以君主制行

《论共和与君主》书影

之为易,以共和制行之则较难也。"甚至威胁说,如果不按照他的意见去作,则"外人之干涉恐将不免"。古德诺的这种荒谬的理论,并没有为中国人民所接受,却被袁世凯等引为金科玉律般的"理论根据",袁世凯则经常拿古德诺的这些"著述"赠人,名为征求意见,实为扩大影响。同时,美国还借给袁世凯五六千万美元,这很明显是有着政治借款与投资利益的双重目的。

日本自始即反对中国的共和,1911 年 12 月 19 日辛亥革命爆发后不久,日本驻华盛顿代办在致美国国务卿的节略中就表示不相信中国能采用和实行共和制度;在南北议和时,日本仍以中国"采取君主立宪"作为调停的条件。1914 年 9、10 月间,日本的右翼团体黑龙会在其秘密文件中认为,中国实行共和政体,对于中日"提携","必为一大障碍",主张中国"变革其共和政体,使为立宪君主政体"。同时,还派出日本首相大隈重信的亲信、东京帝国大学法学教授有贺长雄(1860~1921年)担任袁世凯的顾问。有贺长雄作为帝制策划者之一,抛出了《共和宪法持久论》一文,认为中国人民不适合共和政体,而应效法日本,实行君主立宪,集权于袁世凯,国家才不致分裂。日本更乘欧战爆发之机,于1914年8月15日以英日同盟为理由,向德提出最后通牒,要求接管德国在中国山东地区的权益;9月2日,日军即在山东半岛龙口登陆,在中国领土上肆无忌惮地攻占城市,抢掠烧杀;10月31日,日英联军在占领了胶济铁路沿线各地后即开始总攻青岛;11月7日,攻占青岛,战事结束。这次战争的结果是德国失去了在山东的势力范围,日本成为新的占领者,中国则遭受了生命财产的极大损失。虽经中方一再要求日军撤兵,非但毫无结果,还在1915年1月18日由日本公使日置益向袁世凯面交旨在灭亡中国的"二十一条",不仅囊括山东的权益,还对满蒙经济利益、聘请日本顾问、军警事务、铁路矿山多方面提出无理要求,并暗示可以此交换对"帝制"的支持,充分暴露了日本要将中国沦为其附属国的狼子野心。

1915年2月2日至4月26日,中日双方共进行了25次秘密会议。日方态度极为蛮横无理,百般威胁。终于在5月9日上午,以袁世凯为首的北京政府,不敢也不能抵抗地屈服了,除第5号中各条言明日后协商外,其余完全按照日本的意旨予以承认。25日,又与日订约2件,换文13件,将其余各号要求内容分别加以正式肯定。"二十一条"是日本帝国主义以吞并中国为目的而强加于中国的单方面的条件,完全违背了国际关系的

《民四条约》签字时中日代表合影(左排前起:
曹汝霖、陆微祥、施履本,右排前起:高尾亨、日置益、小幡酉吉)

根本原则,严重损害了中国的主权。"二十一条"签订后,立即
遭到全国人民的强烈反对,正在日本筹划反袁斗争的孙中山尖
锐地指出,承认"二十一条"是袁世凯"乘间僭帝而求助于日
本",是"甘心卖国"的罪恶行为。

中国人民为了捍卫民族和国家的利益,在全国各地掀起排
除日货、反对卖国的浪潮,全国教育联合会决定将每年5月9日
定为"国耻纪念日"。各省市人民纷纷举行抗议集会,誓不承认
"二十一条",并要求惩办卖国贼,例如:在汉口屡次发生散发传
单、抵制日货、砸毁日店等事情;在烟台商人相戒不卖货物给日
人;在厦门有禁用日人通货之檄文散布各处;在福州则早自3月
26日起,台湾银行发行之支票,市场一概不交易,又散发排斥日
货之印刷物,对于日本人绝对不贷借房宇等。在国外,留日、留
法学生到处奔走呼吁,向国内发回电报,坚决反对签订"二十一

107

袁世凯批准"二十一条"

条"。旧金山、纽约等地也都准备筹款来支援,爱国华侨蔡自强提回外国银行存款 600 万元,又拟变卖不动产凑足 1 000 万元捐为军费,乞请政府与日决一死战。自此开始,主持和参与"二十一条"一事的袁世凯、曹汝霖、陆徵祥等卖国贼的丑相已经是十目所视、十手所指,为全国人民所唾弃,废除"二十一条"成为全国人民一致的信念。由于中国人民持续地一致反对,"二十一条"的要求终于没有能够实行。

"洪宪帝制"丑剧的出台

"二十一条"交涉的过程,充分暴露了袁世凯为一家一姓和军阀集团的利益而不惜丧权辱国的面目,遭到全国人民的反对。虽然袁世凯身背骂名,但他仍一意孤行,坚持将帝制推入了"劝

进"阶段。相应地,袁氏徒党也渐渐分成三类:

第一类是以"筹安会"名义进行活动的一些政客。

1915年8月23日,立宪党政客杨度纠合一些由政客、叛徒组织的"筹安会"在北京成立。在由杨度亲自起草的"筹安会"成立宣言中攻击共和政体说:"我国辛亥革命之时,国中人民激于情感,但除种族之障碍,未计政治之进行,仓猝之中,制定共和国体,于国情之适否,不及三思,一议既倡,莫敢非难。深识之士,虽明知隐患方长而不得不委曲附从,以免一时危亡之祸。故自清室逊位,民国创始,绝续之际,以至临时政府正式政府递嬗之交,国家所历之危险,人民所感之痛苦,举国上下,皆能言之,长此不图,祸

《君宪救国论》书影

将无已。"宣言还以南美各国内乱的事例,证明共和制度之不适用,并以袁世凯的洋顾问古德诺的理论为根据,标明该会"以筹一国之治安"为目的。"筹安会"的主要人物除杨度外,还有孙毓筠、严复、刘师培、李燮和、胡瑛等五人,他们有的是立宪党人,有的是革命的叛徒,被世人谑称为"筹安六君子"。"筹安会"的成立标志着袁世凯的帝制已进入到一个公开推行的时期了。

杨度在"筹安会"成立之后,发表了一篇洋洋洒洒题为《君宪救国论》的大文,在这篇文章中,主要阐述了两大论点:其一是反对共和立宪,其二是主张君主立宪,而归结在袁世凯必须称帝这一点上。他提出的主张是"今欲救亡,先去共和","非立宪不足以救国家,非君主不足以成立宪;立宪则有一定之法制,君主则有一定之元首,皆所谓定于一也。救亡之策,富强之本,皆在此矣"。袁世凯对于杨度这种似是而非的可笑逻辑是极表欢迎的,因为在古德诺的外国货以外,又冒出杨度这一"土产",足见帝制一事,已是中外一致的舆论要求,这就无怪乎袁世凯赞叹杨度为"旷世逸才"了。

"筹安会"对袁世凯也确实极尽效忠之心,他们向各省将军、巡阅使、巡按使、都统、护军使等地方军事长官和各省商会连发通电,鼓动"废除共和,改立君主";他们大施文人之所长,进行各种宣传,撰《国贼孙文》《无耻黄兴》二书,每书印行 10 万册,发布全国。"筹安会"还用各地旅京人士名义起草请愿书,于 9 月 1 日参政院开会前就匆匆投递进来,于是,参政院就假戏真做地审查这些请愿书了。纵然如此,袁世凯还是嫌"筹安会"的步伐赶不上他想当皇帝的急切心情,因此不到一个月,"筹安会"便因另一个推行帝制的团体——"全国请愿联合会"的积极活动,而失去了它的作用。最后,"筹安会"不得不改称"宪法促进会"来扮演为帝制摇旗呐喊的配角。

第二类是一些握有武装实力的军阀。

袁世凯本是北洋军阀集团的首脑,从清末以来,他就靠北洋新军收罗了一大批大小文武爪牙。随着北洋军阀集团统治的发展,其左膀右臂占据了中央要津,重要部属也分布到各省占有一定的地盘,这些人构成了袁世凯手下握有兵权的实力派。他们由于地位不同,对袁世凯的帝制持不同的态度,地位高的如徐世昌、段祺瑞和驻在南京、为南方重镇的冯国璋,论资历和权势,都自认有继袁之位的可能,如果实行帝制,不但这种可能完全失掉,而且还要向袁世凯的子孙称臣跪拜,于心实有不甘,所以对于帝制虽然尚未公开反对,但并不热心。然而那些分布在地方上的军阀段芝贵、倪嗣冲等,他们知道自己不可能取得最高地位,因此只要保住地盘,巩固既得利益,那么共和也好,帝制也好,都无可无不可。所以在袁世凯"轰轰烈烈"地推行帝制时,他们便积极通电拥护,公开支持,甚至危言威吓,谁敢出来反对,他们就要"首先起问其罪,担当诛锄,以去异己";段芝贵并联合十四省将军以武力为后盾,拥袁登位。袁世凯所重视的是后者,因前者"功高主忌",袁世凯还在想办法削弱他们的势力呢!

第三类是一些以"全国请愿联合会"名义进行活动的官僚。

当杨度积极谋取权利的时候,袁世凯手下的旧官僚梁士诒、朱启钤、周自齐、张镇芳等,眼看帝制问题日益凸显,帝制的活动也日益嚣张,为了使自己能继续在新朝获得高官显位,他们不失时机地组织了一个"全国请愿联合会",用了许多"代民请命"的语辞,发表了发起宣言:"民国肇建,于今四年,风雨飘摇,不可终日,父老子弟,苦共和而望君宪,非一日矣……此后同心急进,计日程功,作新邦家,慰我民意。"这一类人物对于袁世凯的内心了解得最为深刻,所以对帝制表现得尤为激进,他们发起三次所谓"全国性"的请愿,吁请袁世凯"应天顺人,早正尊位"。他们在制造民意、加速帝制的实现方面,用了很大的心计,因此,"全国请愿联合会"很快成为帝制实际行动的领导者,取"筹安会"地位而代之了。随着"全国请愿联合会"的出现,又有各种请愿团闻风而起,其中有"乞丐请愿团""妓女请愿团"等等名目,更有所谓直隶、河南等省的孔教徒组织孔社,也纷纷恭请"早定君主立宪""复尊君亲上之本",使这场帝制闹剧更显得光怪陆离、五光十色。

由于袁世凯的徒党做好了应有的准备,"洪宪"帝制的帷幕即将正式揭开了。

1915 年 9 月 1 日,参政院开始审查由"筹安会"代办而呈递上来的请愿书。20 日,参政院即议决两种办法:或"召集国民会议,为根本上之改决",或"另筹征求民意妥善办法"。袁世凯同意了前者。但是帝制活动中的官僚派却认为国民会议的召集未免过慢,于是就由梁士诒主使"全国请愿联合会"再次请愿,要求立即议定召集征求民意机关之办法。28 日,参政院又开会议论,梁士诒又以参政身份主张制定国民代表大会组织法。院外操纵请愿的是梁士诒,院内提出主张的仍是这个梁士诒,自唱自和正是"洪宪"帝制的特色之一。在这时候,"全国请愿联合会"发挥了它的积极作用,它在向参政院请愿的同时,又向各地发电,指示各地监督长官如何操纵利用公民大会,如何利用各种名义,如何向代表疏通意见,甚至对推戴书中的字样也加以规定。这些电文,后来在反袁的护国战争中被一些独立省区揭露出来,使袁世凯制造民意的真相大白于世。尽管明知是袁世凯的幕后导演,10 月 2 日,参政院还是拟定了《国民代表大会组织法》。8 日,袁世凯即将其公布,使"洪宪"帝制有了一个"合法"的统一指挥机构。

在《国民代表大会组织法》公布后，从 10 月 25 日起，全国各地即开始选举国民代表和进行国体投票，到 11 月 20 日全部告竣。如此神速的进展，令人不可想象。

1915 年 12 月 11 日，参政院开会汇查选举结果：全国国民代表共 1 993 人，得主张君主立宪票 1 993 张，并都附有同样文字内容的推戴书：“恭戴今大总统袁世凯为中华帝国皇帝。”于是，参政院即以国民代表大会总代表的名义上书“劝进”。袁世凯仿照过去篡夺政权的那些皇帝的样子，当天退回劝进书，并咨文答复参政院表示谦让，要求人们“谅解”他不愿做皇帝的“心意”。当日，参政院又开会决定“再劝进”，于是又在 15 分钟内“草成”了长达两千余字的第二次劝进书，当晚进呈。这份劝进书显然是事先准备好而用以作秀的。第二次劝进书呈上后，袁世凯便不再作态，次日即表示接受帝位。

1915 年 12 月 12 日，袁世凯正式申令承认帝位。19 日，早已准备好的大典筹备处公开了。以朱启钤为处长，梁士诒、周自齐、张镇芳、杨度、孙毓筠为处员，这班人马，为袁世凯的上台极尽其悖谬之能事。其实自 11 月开始，内务部已通知各省将军、巡按使及镇守使，宣称袁氏登极将“融贯中外”，“成一朝之盛典”，而各省文电此时已经对袁世凯改称“大皇帝陛下”了，前称官职也均改称“臣”。大典筹备处公开后，首先对袁世凯手下的得力亲信 49 人封爵，并定于次年 5 月前举行学绩试验之道试及京兆属县试。22 日，申令“革除太监名目，内庭供役改用女官”，加衍圣公孔令贻“郡王”衔，中华门改称“新华门”，中和殿改名“礼元”，由朱启钤亲自派人监督各宫殿的修造工程。年号、国旗、朝服，以及册立皇后、皇储典礼暨皇帝临事一切之仪仗都在

"洪宪帝制"的玺印
(右)中华帝国之玺
(左)皇帝之宝

加紧进行。12月31日,大典筹备处又通告各部,自1916年1月1日起,"所有奏咨,一切文牍只署洪宪元年某月某日"。

典礼的筹备规格极为奢侈,如御用冠服、宫内铺陈,极求美备。御座早经招工雕镂,12月中旬完竣,值40万元;袜一双,值80元;金质御宝五颗,价60万元;玉质国玺一方,价12万元;御用銮仪借自清室,修理添置之费,亦在数万元以上,皆由财政部支付。关于"洪宪帝制"的费用,根据后来护国军开列的媾和条款所列,数目约在6 000万元,但有账可查的约在3 000万元。其中仅"筹安会"运动费约二三百万元,用于收买报馆、收买名士文章,各代表恩给金,杨、孙之报酬金等,暗中的支出则数目不详。这笔费用的由来,有借款,有救国储金,有各种税款及鸦片专卖之类。"全国请愿联合会"的发起人、当时正任全国税务督办的梁士诒,亲自为帝制筹款,他以禁烟为名,征收港、沪关栈所存印土6 000箱,每箱值4 500元,计可得巨款2 000余万元,用作帝制经费,由此也可见帝制运动的龌龊肮脏了!

袁世凯称帝前夕的一项重要举措,就是对维持其统治的支柱——北洋军阀集团的一大批文武官吏给予封赏,多是各省将军、巡按使、护军使、镇守使及师、旅长等,按公、侯、伯、子、男次第授予爵位。一等公有龙济光、张勋、冯国璋、姜桂题、段芝贵、倪嗣冲,二等公有刘冠雄;一等侯有汤芗铭、李纯、朱瑞、陆荣廷、赵倜、陈宧、唐继尧、阎锡山、王占元;一等伯有张锡銮、朱家宝、张鸣岐、田文烈、靳云鹏、杨增新、陆建章、孟恩远、屈映光、齐耀林、曹锟、杨善德、雷震春;一等子有朱庆澜、张广建、李厚基、刘显世、陈光远、米振标、张文生、马继曾、张敬尧,二等子有倪毓棻、张作霖、萧良臣;一等男有许世英、张怀芝、徐邦杰等37人,二等男有王祖同、王怀庆、刘存厚、周骏等19人,三等男有何丰林、臧致平、马福祥、李长泰、杨以德等30人。袁世凯颁布的"锡爵令"申明这些将吏"或屡建殊勋、或力勘变乱、或防守边塞、或保护地方"。总之,为北洋军阀集团的统治曾建树"劳绩",是该集团的骨干力量,受其嘉奖,今后当更会为其尽效犬马之劳。

经过这一番准备,12月31日袁世凯下令改次年为"洪宪"元年,准备正式登极。

护国战争

正在袁世凯雄心勃勃地实行帝制的时候,全国各地反对帝制的运动也在逐渐高涨,终酿成以"护国军"为旗帜的护国运动于1915年12月25日在云南爆发。

护国运动的领导者之一,是辛亥革命时一位著名的军事家蔡锷。蔡锷(1882～1916年),原名艮寅,字松坡。青年时曾入长沙时务学堂,从梁启超问业,受改良主义思想教育;戊戌政变后赴日

蔡锷像

留学,开始参加反清活动;武昌起义爆发后,在滇响应独立,被推为都督。当时蔡锷对袁世凯还抱有很大幻想,而袁世凯对这个响应过辛亥革命的新派军人则很不放心,1913 年调蔡锷入京羁縻。1915 年袁世凯接受"二十一条"并称帝登极,使蔡锷很受震动,决心策划滇军起义,反对帝制,但在袁世凯及其爪牙的监视下难以脱身,于是 11 月以治病为名,潜赴天津。12 月初,又易服变名,乘日商船山东丸东渡日本,再乘轮经台湾直航香港,后辗转入滇。12 月 19 日,蔡锷至滇,经过一系列的组织工作,并联合掌握云南军政大权的唐继尧,做好了武力反袁的军事准备。

23 日,以开武将军督理云南军务唐继尧、云南巡按使任可澄的名义致电北京,请袁世凯取消帝制,惩办祸首,以坚决的态度表示已"谨率三军,翘企待命"。24 日,蔡锷亲电袁世凯,发出最后警告,但未得答复,可见袁氏已冥顽不化。1915 年 12 月 25 日,以云南宣布独立标志着反袁护国战争的爆发。滇省宣布独立后,废去将军、巡按使名义,恢复民国元年都督府制,作为护国军政首脑机关;并召集省议会,推唐继尧为都督,任留守,蔡锷等统护国军出征。此次兴师是以护卫共和国为号召,因此出征军定名为"护国军",而这次反袁斗争则被称为"护国运动"。

12 月 31 日,由唐继尧等九人联名发出的《声讨袁逆并宣布政见之通电》宣布了护国军的政治主张,其中第一条即"与全国民勠力拥护共和国体,使帝制永不发生"。次日,蔡锷等人又发出《誓告全国申明护国宗旨书》,宣布护国军的宗旨,再次强调"国人职责,惟在讨袁"。由于袁世凯的倒行逆施早已被人民所深恶,讨袁斗争一开始立即得到人民群众的广泛支持。云南宣布独立后,整个昆明"全城悬旗结彩,爆竹之声不绝于耳,士民则欢声雷动,军中则士气奋腾"。1916 年元旦,护国军在昆明校场誓师,发布讨袁檄文,历数袁氏十九大罪状,号召中华民国之国民"翊卫共和,誓除国贼",军容极为整肃,士气十分高昂。

袁世凯不得不起而应付云南起义,一面由参政院给蔡锷、唐继尧等罗列罪名,一面又积极进行军事部署。1915 年 12 月 29 日袁世凯下令将唐继尧、蔡锷、任可澄褫职查办,1916 年 1 月 5 日,又颁布讨伐令,对护国军用兵,分三路大军向川湘方面进攻,并任命曹锟统一指挥川滇前线战争。护国军也兵分三路,由蔡锷、戴戡、李烈钧分统,向川湘粤进攻。在交战中,由于北洋军兵力粮饷都胜于护国军,使形势数度出现危机。但是,袁世凯帝制自为的倒行逆施、北洋军沿途的胡作非为已大失民心,加上北洋军阀内部各怀鬼胎,原被袁世凯倚为心腹的一些地方势力如冯国璋、李纯、靳云鹏等密电请取消帝制,而以日本为主的列强亦对袁世凯表示不支持和爱莫能助的态度,终于使袁世凯陷于四面楚歌之中。

"洪宪帝制"的失败

全国人民的反帝制浪潮和帝国主义列强的反目,使"洪宪帝制"丑剧无法进行下去。1916年2月23日,袁世凯诡诈而无奈地宣布帝制从缓办理,随后通知各国使馆,告知云南事平之前决不登极。3月21日,袁世凯又召集会议,提出立即取消帝制之议;22日,正式公布取消帝制之命令,废除"洪宪"年号,仍改为民国五年,自称大总统,以徐世昌为国务卿,并焚毁关于帝制之公文八百数十件;4月4日,又将政事堂改为国务院。

虽然袁世凯已表示取消帝制,但反袁护国的浪潮方兴未艾,随着广东在4月6日、浙江在4月12日相继独立,"洪宪帝制"的失败已不可逆转。袁世凯在万般无奈之下,于22日请段祺瑞出任国务卿,宣布恢复责任内阁制,一方面表示对南方让步,一方面笼络已渐与其离心离德的段祺瑞为自己出力。但一切都难以挽回败局。

袁世凯在反对帝制的怒潮中,既失欢于帝国主义列强,又受到徒党的背离,尤其是遭到全国人民的普遍反抗,他虽然竭尽最大的"智慧",用遍他所独具的各种政治"机智",但是一切终归无效。1916年6月6日,袁世凯在无奈和焦虑之中病故于北京,"洪宪帝制"这场政治丑剧也随之告终。

民初的复辟思潮与活动

辛亥革命之后,既没有发生农村的大变动以改变半封建半殖民地社会的经济基础,更没有比较彻底地触动旧的上层建筑,致使当时的社会不仅有使旧势力复辟的思想资源可资"利用",现实状况也为复辟思想与行动提供了滋长、发展的"温床"。正因为这样,辛亥革命后才不断发生复辟的情况,特别是"洪宪帝制"与"张勋复辟"的发生又如此密迩,更是近现代历史上一种特殊的历史现象。

民国初年,虽然封建主义势力经过辛亥革命的冲击而有所敛迹,但由于这次资产阶级民主革命本身的不彻底性,特别是革命政权被北洋军阀所篡夺,以致社会上的复辟思潮和复辟活动从未间断过。"洪宪帝制"的失败,在代表旧势力的复辟派看来,是因其违悖封建正统误入"歧途"。因此,张勋企图拥清废帝复辟的活动就与当时社会上正泛起的"正统"复辟思潮一拍即合。辛亥以来时起时伏的复辟舆论为张勋复辟提供了理论根据。

早在袁世凯篡权窃国并图谋帝制自为之时,孔子、孔教的精神偶像地位也随之死灰复燃。1913 年,袁世凯便指使徒党所操纵的"宪法委员会"妄图把"以孔教为国教"的提案订入宪法,为复活帝制作准备。一时间"孔教会""孔圣会""崇道会"等频频出现，《孔教会杂说》《不忍杂志》纷纷出笼，封建余孽、军阀政客无不厕身其间，张勋也成为孔教会总干事。这些尊孔复古的行径在袁世凯看来是为其帝制自为制造舆论，但客观上也不可避免地为一切复辟势力提供了思想武器。因而当1916年"洪宪帝制"刚刚失败，以前清遗老、王公贵族、反动将弁以及幕僚门客、腐儒文人等为骨干的复辟派，便假宪法审议会即将召开之际，仍以要求定孔教为国教作借口，掀起一股尊孔读经的逆流，用以抵制"护国运动"以后出现的共和浪潮。他们不仅撰著文章、发行刊物，还串联勾结、成立组织，使社会上的复辟声浪甚嚣尘上。那个曾经为袁世凯进行帝制高唱"纲常名教，中国数千年相传之国粹，立国之大本也，有之则人，无之则兽，崇之则治，蔑之则乱"的封建顽固派劳乃宣，此时又宣扬只有以崇孔子为"教主"的孔教做"国魂"，才能"为天地立心，为生民立命，为往圣继绝学，为万世开太平"。由维新派蜕变为保皇党的康有为这时不仅鼓吹尊孔，倡言复辟，甚至还痛心疾首地忏悔当年所进行的变法革新说："当戊戌之时，吾实为首倡宪法之先导者，吾实未阅乎制宪法之先导者，吾实未阅乎制宪之非人而误迷欧美之盛治而误为之说也，嗟乎！吾过矣，吾过矣。"曾任清末安徽布政使的沈曾植更公然叫嚷："无君臣则无尊卑，无上下，无秩序，无纪律……为当道谋，除复辟不足自存。"

这些复辟分子还利用各种组织进行活动。曾为"洪宪帝制"立过汗马功劳的孔教会及其各地支会，这时又活跃起来，通过定期的宣讲等活动，大造尊孔复辟舆论。1916年底成立的以王士珍为社长的道德学社，既有前清御史赵炳麟、侍郎檀玑参加，也有当时在任的步军统领江朝宗、警察总监吴镜潭和参众两院议员及各部职员参加。王士珍在开社式上宣称:"……我国现在人心败坏,世道衰微,徒以势力整饬之,彼仆此起,必然无救,甚或愈求整饬而愈败坏。欲至不趋于败坏之途,舍讲求功德而岂有他哉!"此组织不仅以宣扬旧道德为其特色,而且新官旧吏欣然共处,可见当时社会倾向之一斑。在复辟势力的奔走活动下,以孔教为国教的问题终于被提上宪法审议会,并在宪法草案中列入以孔子之道为修身大事一条。虽然当即遭到各界反对,但仍有各地复辟分子盗用公民名义致电参众两院,一时函电交驰,令人目眩。这种颇具声势的歪风,给张勋复辟做了舆论准备。

这时不论是封建复辟势力,还是共和政府的首脑,都毫不隐讳怀恋旧主之情。大总统黎元洪在 1916 年 9 月初的总统筵宴上便许以将优待清室条件"编入宪法,以垂永久"。次年 1 月,老官僚政客徐世昌在宴请各政团要人的演说中再次强调将优待清室条件载入宪法,"以表示不忘清室禅让之美德"。接着,在正月十三(2 月 4 日)溥仪 12 岁寿辰时,大总统仍循例派了专使带厚礼至乾清宫祝寿。西南军阀、前清老官僚陆荣廷在 1917 年初还特意入京晋见溥仪,并馈赠万元以表其忠心。

各种复辟势力不仅是封建思想的卫道者,而且还是复辟行动的策划者和组织者。在 1916 至 1917 年张勋复辟酝酿的过程中,前清京师大学堂总监督刘廷琛、梁鼎芬的门生陈毅等奔走于青岛、大连、徐州、天津等复辟巢穴之间,进行串联;刘廷琛、陈宝琛等也与清室阴谋策划。不仅如此,复辟分子还把复辟的计划付诸行动。1916 年,升允与善耆进一步投靠日本,接受日本财阀的经费和大量枪械,改编满蒙武装为复辟武装——勤王军,并与张勋约定于 1917 年春南北呼应,"拥戴宣统复辟"。虽然这次被称为"丙辰复辟"的活动流产了,但这支复辟武装又被升允再次收编,作"自编二师,鼓行入京"的打算。

由上可见,这些封建遗老、王公贵族等旧势力在制造复辟舆论和网罗复辟势力方面发挥了多大的能量!虽然最后是由张勋把复辟付诸行动,但这股复辟势力却是它赖以存在并得以发展的社会基础和基本力量。

张勋其人

封建势力的存在,各派军阀之间的矛盾和斗争,以及帝国主义的干预无疑是复辟丑剧得以粉墨登场的重要原因。而这出丑剧的主角由张勋来扮演,也是有其特定的原因的。

张勋,字绍轩,江西奉新人。1854 年出生,靠其父亲做小生意过活,家境清寒,到 10 岁才入塾读书,不料次年其父病死,只得辍学回家。后来,虽然张勋官居武官一品,却仍然只是一个粗通文墨的赳赳武夫。在崇尚科举、靠八股入仕的年代,张勋难与那些饱学之士一争高低,而是靠他的愚忠而被提擢升迁的。他于 1884 年在长沙投军当兵,7 年后才升为参将。1895 年,他到天津投靠了袁世凯。当时袁世凯正在踌躇满志地到处搜罗人马,开始"小站练兵",靠督练"新建陆军"为北洋军阀奠定基础。如此算来,张勋应算作地地道道的北洋军阀的元老,只不过当时他只是个不出名的工兵营管带而已。1899 年,山东竖起了义和团爱国斗争的旌旗,当时清廷派袁世凯率领武卫右军前往镇压,张勋即是随将之一。新练成的北洋新军在山东恣意杀戮,齐鲁大地成了这支新式武装的练兵场,有人说袁世凯靠杀义和团而染红了顶子,那么,张勋则在这场血腥镇压中得以连升为副将、总兵。

张勋像

    张勋靠杀人红起来以后,他的所谓"忠勇好义"又博得了上司的信任。当八国联军进兵京津之时,慈禧太后携光绪皇帝等出逃西安,颠沛流离,风尘仆仆,一路如惊弓之鸟,多亏了张勋的精心护驾,不管是爬山过岭,还是涉水渡河,他都亲自照应。更使慈禧感动的是,他一路上竟舍马不骑,跟在车前轿后不离左右。张勋患有痔疮病,长时间走路便大量出血,屁股后的袍褂都让血染红了,走起路来一蹶一蹶地看上去很难受,慈禧在感动之余,特地传谕让张勋骑马,张勋却忍着痛说:"奴才跟着老祖宗走,奴才保圣驾平安要紧。"竟这样一路走下来,可见张勋对清室的忠诚。辛劳终有酬报,慈禧回銮北京后再次临朝,张勋便由奉军辽北总兵而升为云南提督,而后为甘肃提督,至 1911 年 8 月,

123

终于得到了令许多武人为之垂涎的肥缺——江南提督。假如不是辛亥革命的巨浪冲溃了封建统治的堤坝,那么张勋肯定还会荣升。

辛亥革命发生,清兵一触即溃,很多守将逃之夭夭,唯独张勋孤守南京,负隅顽抗。当时革命风暴势不可当,一些地方官便纷纷宣布独立以自保。时任两江总督的张人骏在公署召集紧急会议商量对策,当时布政使樊增祥主张独立最烈,会上争持不下。这时,头扎布巾、腰佩双枪的张勋突然拔出手枪,拍案而起,大声吼道:"不必多说!独立就是造反!造反就是强盗!谁要背叛朝廷,我就把他当作强盗对待!"吓得众人仓惶而散。当晚,张勋便与革命党大战雨花台,竟然打了胜仗,受到清廷的嘉奖。这个岌岌可危的政权在垮台之前还给张勋授了一连串的职位:江苏巡抚、署两江总督兼南洋大臣,只是这边还没等走马上任,那边清王朝便已颓然倾覆。当张勋为"圣朝"的如此结局而垂涕哀叹之时,幸而经袁世凯翻云覆雨,革命派手中的权力被转移过来,张勋才又重归袁世凯的麾下。在袁世凯眼里,张勋虽然坦直可靠,忠勇可嘉,但毕竟是个脑袋不开窍的笨家伙,不如给他一隅之地,入瓮为王,于是拟将张勋手中的残兵败将改编为武卫前军,驻扎山东兖州。

张勋自命"先朝旧臣",而且时常标榜:"我是在前清受恩深重,君恩难忘!"但以后,他并没有像有的遗老那样以不仕新朝来表示忠贞,却又做了中华民国的官,但只是有一条:不肯剪发易服。不仅他自己如此,而且顽固地坚持其手下的万名兵弁也不许改变装束。于是,在民国的招牌下便莫名其妙地保留着这样一支怪军:帅者长袍马褂,脑后拖着一条长辫;兵者身着号坎,头上盘着一条长辫。革命党人认为男人的辫子是象征着民族压迫和屈辱的标志,因此推翻清统治后的一件大事就是剪掉在脑后拖了两百多年的辫子,当时剪辫成为追随潮流的时尚,不仅人民国府院的官员们早已焕然一新,连以归隐自恃清高的徐世昌都改变了旧装。袁世凯曾为辫子一事派专使百般劝说,但张勋大有誓死捍卫之概,无奈何,只好听之任之。由此张勋的辫子便出了名,他的部队定武军成了著名的辫子兵,他也被人们戏称为"辫帅"。

保留辫子,只是张勋眷念清室的表现之一,他虽然表面粗莽,但能以一介武人而跻身于封疆大吏之间,就足以说明他尚有独到之处。他对袁世凯的一番表白说明了其表面受职于民国,内心则伺机复辟的目的:"袁公之知不能负,君臣之义不能忘。袁公不负朝廷,勋安敢负袁公。如是而已,无他语也。"因此,当发生反袁的"二次革命"时,张勋便再次向革命党人举起了屠刀。当时袁世凯调冯国璋和张勋的军队合攻革命党人坚守的堡垒——南京,张勋兼程进兵,亲临前线,抢先攻入南京,以血刃屠城发泄了对革命党人的仇恨。"先入关者王之",张勋因此而就任江苏都督。袁世凯一向乖戾多疑,他深知张勋其人意不在此,因而借辫子兵进城抢掠时误伤日本侨民而引起的"南京交涉案"大作文章。张勋虽然已经亲自到日本领事馆赔礼道歉,但日本方面仍不肯罢休,他们蔑视"辫帅"将兵无能,要求张勋离职。此请正中袁世凯下怀,他以此为要挟,并许以除调张勋任安徽都督外,加长江巡阅使衔,节制湖南、湖北、江西、安徽、江苏五省的水上警察,并准予报销都督府开支 65 万元、开拔费 50 万元。有了这些交换条件,张勋才怏怏不乐地离开南京,但仍然把辫子军驻扎在江苏辖区内的徐州。

中外反动势力对复辟的利用

张勋虽然掌握着两万多人的武装，但他终究只据徐、兖一隅，而且"癸丑复辟"也证明张勋的力量不足以实现其阴谋，然而他之所以能在短时间内成为复辟派们"翘首仰盼，所恃以旋乾坤"的"武圣"，并能利用黎、段交恶之机带兵北上，实际上也是北洋军阀各派互相利用并以各种形式给予支持的结果。

作为北洋军阀首脑的袁世凯死后，各派军阀无不妄想着承袭袁世凯的地位，并把攘权的希望寄予"复辟"这一点上。早在袁氏舆榇回彰德时，北洋军阀各头目借前去致祭的机会，在徐世昌的主持下就已密议此事，但徐手无兵柄，自然无济于事。当时冯国璋曾自恃年资最老，以为能继袁世凯后获得最高地位，也想暗中支持利用"复辟"势力。他不仅草拟了鼓动张勋复辟的密电，说"项城长逝，中原无主，义旗北指，此正其时，公若锋车先发，弟当布署所部以继其后"，而且还表示对张勋在徐州策动复辟的活动"尤深赞许"。虽然冯的意图是想借张勋之力达到个人目的，但这种吹捧怂恿，使张勋感到"吾道不孤"。

在诸方军阀势力之中，对张勋影响最大的是实力派段祺瑞。张勋深知段的地位及其与日本帝国主义的关系，希望依恃其力；而段虽有窥测最高统治地位之心，但对复辟则有疑虑，因此采取了两面派的态度。对张勋的复辟准备，他或佯作不察，或默认纵容，或暗中勾结，最后以支持参战为交换条件达成支持复辟的默契。一直为张勋出谋划策的复辟分子阮忠枢在与皖系干将倪嗣冲密谈后于1917年4月19日致函张勋转达皖系的意见说："此次会议（指督军会议）系由伊发起，先商诸东海（徐世昌）、芝泉

（段祺瑞）均极端赞成；曾电约大树（指冯国璋），大树不来，我辈亦不强其必至。缘彼既不来，正可推定武（张勋）作一领袖，执牛坛之牛耳。"并提出实现复辟的具体步骤："……倒黎排冯，即可拥戴东海。……如东海得居首席，一二年后，将内政整理，国势略定，再由东海之手，归还旧主（指宣统），其势由顺而易。凡此种种问题，以现在地位声望魄力而论，均非待定武来解决不可。"在复辟酝酿的过程中，段祺瑞多次派其幕僚曾毓隽等往返于京徐之间，进行串通；被称为段祺瑞"灵魂"的徐树铮亦曾亲临徐州会议，这些举动显然是欲假张勋之手而达到个人目的。此中内幕，在段祺瑞宣布"讨逆"后，终于被张勋在接见《字林西报》访员时揭露出来。他说："予之来京，意在为国民及清室谋福利也。各督军在徐州时，无一不请予为复辟领袖，誓与赞助，即段祺瑞亦知吾辈之意，特来与我成约耳。"当然，皖系军阀支持张勋复辟不过是玩弄了一个阴谋，即使这样，也还是为复辟活动壮了声色。张勋之所以如此胆大妄为，一个主要的原因不能不说是来自皖系军阀的默契和支持。

当时的奉系势力所及范围未出东北三省，虽然张作霖早有问鼎中原的野心，但从实力看，尚不足以与直、皖两系相争。因此，虽然张作霖对这次复辟不抱太大的希望，但也把它当作一个扩张势力和进一步投靠日本帝国主义的机会。当时聚集在旅顺的王公贵族复辟势力曾多次与张作霖接触，"劝其易建龙旗"。张作霖表面上不动声色，实际上却一直在窥测动向。1916年8月，正当张勋联络各方军阀酝酿成立"十三省区联合会"，复辟声势日见增长之时，参议院议员赵炳麟提出了"请政府明令禁止武人干涉议院建议案"，立即遭到张勋及赵倜、倪嗣冲等的激烈反对；而张作霖亦即致电大总统，表示对张勋的通电"深为赞同",给了正在组织复辟力量的张勋以舆论上的声援。当日本开始对复辟持支持态度时,于1917年春曾派参谋次官田中义一以"游历"名义来华,与各地方军阀密商复辟一事,亦曾到沈阳与张作霖密谈,以沟通双方态度。此后,又有日人恒山立功前往游说张作霖。这时,张的态度进一步明朗了,他即介绍恒山立功到徐州见张勋,以"劝其再保旧君,光复故物,日本许以特别权力",可见张作霖不但对张勋的复辟暗中给予了支持,而且与日本帝国主义取一致的态度。张勋拥溥仪复出后,海内哗然,张作霖不是立即表示反对,而是先密电冯国璋,向这个老于世故的军阀头目探问进退之策,请其"示以周行,俾便率循";而到入京的辫子军被打得鸟飞兽散之时,张作霖即通电声讨转而变为反对复辟的"先知"了。这说明张勋对这些军阀来说只不过是权衡利害的砝码,能为其所用时则支持利用,不能利用的时候便不惜捐弃,甚至反目相向。

各帝国主义也曾以不同的态度给予张勋复辟以种种影响,而其中影响最大的当数德国和日本。德日两国之所以热衷其事,与当时的国际背景有关。1916年欧战正酣,德、日为参战的主要国家,能否掌握中国政局,对它们于战时、战后在华利益关系甚大,因此它们争相干预,以夺取主动权。

张勋复辟的主要靠山是德国。因为德国对中国复辟清朝一贯持支持态度。早在1912年秋,德国皇弟亨利亲王来华时,就对清室亲贵溥伟表示"他的皇兄陛下和他本人将竭力支持清朝的复辟"。1913年"二次革命"发生时,德国不但是镇压反袁力量的帮凶,而且还自青岛运送枪械接济张勋。所以在张勋进攻南京时,便有德国陆军军官随军前往,这就难怪张勋自拥兵徐州以后双方的关系日益接近了。此时,德国表示"愿以德华银行资本"来协助复辟,并向张勋提供了不少枪炮。德国还声称,若复辟实现,德国则"承认帝国新政府",交换条件是"新政府成立后,首宜开复中某(德)国交,仍严守中立",意在以支持复辟来阻止日本支持的段祺瑞参战。当1917年3月北洋政府对德绝交后,德国既要阻止中国加入协约国,又要尽力设法抵制日本乘机掠夺它在山东的权益,因此,德国格外加紧给张勋以支持。在张勋复辟受到段祺瑞武力讨伐时,德帝国主义还从天津紧急调运枪炮8 000多件,又将德华银行库存现洋700万元、订货现款2 000万元"允许张勋借用",帮助挽回复辟的危局。当然,这一切都是徒劳的。

日本开始曾以冯国璋作为它支持复辟的对象。袁世凯死后第三天(1916年6月8日),日人便许以"冯国璋、张怀芝如果能举义旗,倘复辟,当以盐政余款二千万为兵饷",但冯国璋未能遂其所望。不久,由于张勋的积极活动,日本便转而把张勋和前清遗老及王公贵族作为它支持复辟的对象。日本首相寺内正毅曾明确表示:"如果有强有力的人物坚决实行复辟,也是和我们理想相符的。"并对张勋的为人、品行、思想、实力等方面进行了仔细的调查,在确认张勋是一个死心塌地的复辟派以后,"就对张勋抱有更大的期望,从而下定援张复辟的决心"。为此,日本政府多次派人秘密来往于段、张及王公贵族等复辟势力之间,极力敦促各方合作。从旧势力的核心人物郑孝胥的日记中可以看到,在1916至1917年期间,他曾先后和二十多个日本侵略分子来往。日本不仅帮助这些复辟势力出谋划策,还给他们提供用款和各种具体方便,甚至提供日本海军的无线电台给这些复辟分子向内地传递消息。在获得张勋复辟的准备情况后,又立即催促在日的复辟主将升允回国,帮助张勋进行复辟活动,还由宗方小太郎经手向复辟派协济了巨款。更为露骨的是,在复辟活动进入高潮的 1917 年春,日本接连派恒山立功和田中义一来华,前者先后到大连见善耆、到青岛见溥伟、到天津见铁良游说,最后由张作霖介绍到徐州见张勋;后者则首先到徐州与张勋密谈,随后又到南京见江苏督军冯国璋(其时冯已任副总统),在杭州见浙江督军杨善德,到武汉见湖北督军王占元,等等,经此一系列密谈后回国。他们几乎在同一时间分别以两条路线串联了南、北方的复辟势力,但都以张勋为策动的重点,由此不难看出日本的用心。但是,随着形势的变化,一则由于中国国内反复辟的呼声越来越高,复辟目的一时难以得逞;二则欧战已近尾声,各帝国主义又将回到对殖民地的争夺中来。日本为了抢占在华权益,不再支持成功希望愈来愈小的复辟势力,转而全力支持掌握实权的皖系军阀,与徐世昌、段祺瑞采取一致态度,力阻张勋北上,并在张勋入京实行复辟后支持段祺瑞武力讨伐,使张勋复辟很快失败。由上可见,张勋复辟的准备、酝酿曾得到帝国主义的支持,而帝国主义的翻云覆雨也是其失败的原因之一。

徐州会议

张勋的复辟企图是通过四次徐州会议付诸实现的。

早在 1916 年 6 月 9 日,张勋趁冯国璋召集南京会议之机,于会后邀集北方各省与会代表到他的大本营徐州开会,此为第一次徐州会议。会议由张勋任主席,提出会议纲要十项,其重要者有:

① 尊重优待前清皇室各项条件。

② 保全袁大总统家属生命财产及身后一切荣誉。

③ 绝对抵制迭次倡乱之一般暴烈分子参与政权。

④ 严整军备,保卫各本省区地方治安。

⑤ 嗣后中央若有弊政,足为民害者,务当合力电争以尽忠告之义。

⑥ 中央实行减政,固结团体,遇事筹商,对于国家前途,务取同一态度等。

会议虽未标明"复辟",但从会议纲要之第一项看,仍具不忘清室之意;再从与会人员看,其中不乏复辟派分子。当时北京发行的法文《政闻报》曾对与会者作了分析,认为张勋、倪嗣冲、姜桂题等人都是"颇有复辟之思想"的人,亦可证他们的复辟阴谋已是司马昭之心——路人皆知了。

1916 年 9 月,张勋又召集了第二次徐州会议。加入此会的初为九省,后增至十三省,并在 21 日出现了一个所谓"十三省区联合会"的组织,公推张勋为"盟主"。会上制定了章程十二条,对复辟问题作了进一步讨论,还确立了复辟的程序。这次会议的主旨在于组织一个军事性同盟,联合各方势力,为各省军阀割据和实现复辟打下有力的基础。但是参加这次会议的人却是各有打算,如冯国璋(有代表参加)是想借此来谋求总统地位;倪嗣冲则是借此扩大和维护段祺瑞的势力;但张勋确是想借此来"团结"各方势力,作为实行复辟的基础。

当时国内舆论对复辟阴谋已有警觉,在反对复辟的声浪下,北京政府于 1916 年 9 月 29 日发布了禁止军人开会干政的命令。此举引起了复辟分子的强烈不满,他们进而借此兴风作浪,发出更尖锐的复辟叫嚣,甚至鼓动张勋乘势复辟。如复辟分子陈重庆就曾致函张勋,吹捧并鼓动张勋"此时独立纷纷,还盼一人为领袖耳。帅或以此鼓舞歊动之耶!"

此后,1917年1月和5月,又先后举行了第三次和第四次徐州会议,特别是在第四次会议上正式确定了复辟计划,从而基本上完成了复辟的准备工作。

复辟闹剧的上演与失败

1917年5月发生的"府院之争",给张勋的复辟造成了付诸实现的契机。

当时,由于黎元洪与段祺瑞因参战问题交恶,黎元洪一怒之下下令免去了段祺瑞国务总理职务,段祺瑞则愤然离京赴津,国务院无人主持,中枢机关瘫痪。驻节各省的皖系督军见此,纷纷宣布独立,脱离中央。这种意外的局面使黎元洪求援无门,一筹莫展。这时段祺瑞已在天津策动督军团解散国会,驱逐黎元洪。黎元洪虽任民国大总统,但手无兵权,在与段祺瑞的争斗中显然处于劣势。一直在窥测时机的张勋向黎元洪放出了试探性的"气球"——表示愿意居间调停。

黎元洪虽然对辫帅张勋素无好感,但在万般无奈之中,张勋的这一表示使他像溺水者捞到了一根救命稻草。5月31日,黎元洪立即向张勋发出邀请,电报发出后恐怕慢待了张勋使之不快,次日又正式发布了请张勋进京"调停国事"的总统命令。张勋没想到时机来得如此之快,事态又进展得如此顺利,不禁跃然心喜,立即命令部下打点行装,准备上路。6月7日,张勋率辫子军步炮兵10营4 300余人由徐州登火车北上。

一日路程即到京师,但张勋让辫子军率先入城,而他自己却在天津停留。张勋到天津的当晚,黎元洪便派总统府秘书长夏

康有为像

寿康前来迎迓,迫不及待地请张勋即刻进京。不料张勋却当即提出"调停"的六项条件,其中关键为限日解散国会,其他问题以后再作计议。黎元洪骑虎难下,只得于13日由步军统领江朝宗以代总理名义签署了解散国会令。次日,张勋意气自得地偕新任国务总理李经羲及复辟骨干刘廷琛、胡嗣瑗等乘车进京。

对黎元洪来说,张勋进京完全是一场骗局,因为他从来也没有要做调停人的打算,而是搞了一场早已安排好的闹剧。他表面上向黎表示支持李经羲组织责任内阁,而暗中却大肆收罗封建余孽进行复辟活动。天津的遗老们唯恐复辟难成,特地致函张勋,搜索枯肠,论证复辟可行,催其举办,信中大言不惭地自吹:"义师入都,复睹司隶,万众欢迎,人心可见。惟今日统一之

133

局,已经破裂,牵就调停,万难息事,非申明大义,复于明辟,不足以镇服颠危……是故今日非断行复辟,更无立足之地;称兵各督,已与乱党结不解之仇;非归命朝廷,依附义旗之下,无以自处……"接着是各地复辟骨干蜂拥而来,在张勋的指挥下敲响了复辟的锣鼓。

正在这时,日本方面对即将出台的复辟丑剧忽然改变了态度,段祺瑞、徐世昌等也转而表示不支持。这突如其来的变化不仅大出张勋意料,更急坏了一群死心塌地复辟"先朝"的遗老们,这些昏昏老叟不顾体弱年高,上蹿下跳,到处怂恿。6月28日,康有为在沈曾植等人的陪同下抵达北京,下车后便被接到张勋的公馆,当即与张勋等人晤面密谋。康有为一直认为复辟是解决中国乱局的唯一良方,甚至认为张勋若能复辟清室,"一星期内可措国家于磐石之安"。见了张勋以后,便把他的看法堂而皇之地论证一番,康有为的如簧之舌竟使满腹狐疑的张勋又打起了精神,再加上那些唯恐复辟大业半途而废的遗老们向他报告外边的"情形",不外乎都是"南方诸帅,俱备响应""义师入都,万众欢迎"之类的蛊惑之词,张辫帅终于下定决心:义无反顾,以"德"报恩,重扶小废帝上台!

张勋下定决心以后,想到自己如今竟能左右清室之重兴,手操众生之命运,顿觉热血升腾,大有"为天下者舍我其谁"之概。于是立即发布命令,要求各省取消独立,各地军阀要收束军队,为他冥想中的大清一统天下做好准备;又由康有为等拟就"复辟登极诏""开国民大会以议宪法诏""召集国会诏"等若干道诏书;然后,张勋决定亲自面见"皇上",禀报复辟诸事。其实,这种"禀报"此时已无商议的意味,因为按张勋安排的日程,离皇上"登极"已经没有几天的时间了。

会见是在紫禁城的养心殿。从辛亥革命到如今已有六年时间，小皇帝从幼龄稚童长成了翩翩少年。张勋目睹旧主故物，可能心中百感交集，而小皇帝溥仪却对这位"忠臣"十分淡然，甚至对他的相貌多少有点失望。溥仪后来回忆这段往事时说，当时张勋"穿着一身纱袍褂，黑红脸，眉毛很重，胖乎乎的。看他的短脖子就觉得不理想，如果他没胡子，倒像御膳房的一个太监。我注意到了他的辫子，的确有一根，是花白色的"。张勋见了溥仪跪倒便拜，嘴里还说着："臣张勋恭请圣安。"当时宫里已经取消了让大臣跪着说话的规矩了，溥仪指指旁边的椅子让他坐下，张勋又磕了一个头谢恩，才诚惶诚恐地在一旁坐下来。溥仪问了几句无关紧要的话，张勋便唯唯诺诺地恭谨作答，只用了五六分钟，这场召见便告结束。

一切都在紧锣密鼓地进行，但为防止临时发生不测，所以在表面上还要做出不动声色的样子。到6月30日晚上，张勋还若无其事地应江西同乡会的邀请，到宣武门外的江西会馆看堂会戏，看完压轴戏已是午夜12点。回到南河沿的公馆后，立即挂电话把当时保卫京畿的民国军警大员王士珍（陆军总长）、江朝宗（步兵统领）、吴炳湘（警察总监）、陈光远（驻防京畿的第二十师师长）叫来，向他们通告明早即将实现复辟，并说："这件事，我说到做到。各位赞成，请立即传令开城，让我驻在城外的军队进来；不开城，就请回去调动军队，拼个你死我活。"王、江见大势已成，不得不老老实实地下令打开了城门，几小时内，城里各处都布满了辫子兵。

7月1日凌晨，复辟的帷幕正式揭开。张勋身着朝珠蟒服，头戴红顶花翎，率领各方邀集来的一群孤臣孽子约300余人涌进清宫，拥戴溥仪重新登基。溥仪被这个突如其来的喜事弄得竟不知所措,幸而身边有他的三位师傅陈宝琛、梁鼎芬和朱益藩,他们不仅是封建礼教的饱学之士,又是张勋复辟与清室之间的牵线人,因而早有准备。他们拿出龙袍为溥仪穿戴起来,又怕小皇帝临时失措,对可能出现的情况,甚至具体的来言去语都如此这般地嘱咐一番,然后才由溥仪在养心殿"召见"张勋等人。张勋率领诸员匍匐在地,向溥仪行三跪九叩大礼,终于实现了"奴颜婢膝"的愿望。

张勋先是奏请复辟道:"臣等反复密商,共同盟誓,谨代表二十二省军民真意,恭请我皇上收回政权,复御宸极,为五族子臣之主,定宇内统一之规。"然后又嘟嘟囔囔地说:"隆裕太后不忍为了一姓的尊荣,让百姓遭殃,才下诏办了共和。谁知办得民不聊生……共和不合咱的国情,只有皇上复位,万民才能得救。"溥仪说:"我年龄太小,无才无德,当不了如此大任。"张勋说:"皇上睿圣,天下皆知,过去圣祖皇帝(指康熙——笔者注)也是冲龄践祚……"忽然,这个12岁的小皇帝想起了一个问题:"那个大总统怎么办?给他优待还是怎么着?"张又答:"黎元洪奏请让他自家退位,皇上准他的奏请就是了。"溥仪似乎还有些事情弄不明白,但想到这些早有安排,一切只用承受罢了,便赶紧按师傅事先嘱咐好的现成话,说:"既然如此,我就勉为其难吧!"溥仪最后的这一句话,就成了他再坐龙椅的"慨允"。

接着,就是成批的人进进出出地请安、谢恩,折腾了半天,才结束了这一场仪式。

当天,溥仪便颁布了九道上谕,其中"复辟诏"中称:"收回大权,与民更治,自今以往,以纲常名教为精神之宪法,以礼义廉耻收溃决之人心。"同时,还颁布了若干道早已准备好的"上谕":宣布把民国六年公历的7月1日恢复为宣统九年农历五月十三日;设置了成套的封建官员:中央有议政大臣和各部尚书、侍郎,地方有总督、巡抚和提督等等。这些官员就是那些久已废弃的政治垃圾,被装扮起来粉墨登场的;扶植清帝复辟的张勋,被封为忠勇亲王。在复辟的"上谕"中,还专门有"自宣统九年五月本日以前,凡与东西各国正式签订条约,及已付债款合同,一律继续有效"一条,作为继续投靠帝国主义的卖身契。

溥仪"登极"后,死气沉沉的紫禁城一朝之间热闹非凡,忙得溥仪连雷打不动的读书时间都被挤掉了,白天要受人们的朝拜,要批阅待发的"上谕",要看新编的"内阁官报";几个太妃乐得不知如何是好,几乎天天去神佛面前烧香,祈祷上苍保佑……

在一片复辟声中,各地的封建"遗民"、军阀中的新旧官僚、"洪宪帝制"的余孽也都欢喜若狂。时任福建督军的李厚基听到复辟的消息,当即下令拨款5 000元,赶造黄龙旗千面,立即分发,以表示对复辟的拥护。张勋曾窃据的徐州更是喧嚣一时,书中记载:"其一般亡国大夫、宗社余孽、俳优蔑片、赌棍流氓,皆趋附焉。"而张勋"久蓄野心,亦欲借此为团结人心之计,今日保送一知事,明日指委一要差,甚至中将少将之职,等于烂羊"。

更可笑的是北京街头景观,那些早已被用作装殓死尸的朝冠朝靴、花衣蟒袍此时成了紧俏货,每套从20元涨到120余元,也被刚受了封的"新贵"们抢购一空。做戏装道具生意的也不再冷落,纷纷来人出高价央求用马尾制作假发辫,街上又出现了背后挂着辫子、头顶红顶花翎的人招摇过市。有书记录了这些人趾高气扬的丑态:"有识者则指于道侧曰:此某尚书也,此某侍郎也,某巡抚也,某关道也,某翰林编修也。""彼辈携手下车,旭旭遁,跻跻有得色,一若天上地下惟我独尊也者。"在复辟派们的一片昏昏然中,似乎街上的报贩最清醒,他们拿着"宣统上谕"

这样叫卖:"六个子儿买古董咧,这玩艺过不了几天就变古董,六个大子买件古董可不贵咧!"

真是不幸而言中,张勋的倒行逆施遭到了全国民众的强烈反对。北京的十几家报纸一律停刊,以示抗议,有的人还冒着生命危险拒挂龙旗,甚而有扯碎弃于当途者,连江西张勋的族人也痛斥其为破坏共和的"不肖子孙"。以孙中山为代表的资产阶级革命派在上海发表了《讨逆宣言》,并制定了兴师北伐,"扫穴犁庭"的军事计划。在全国人民的强烈反对下,那些本来和张勋一道赞成复辟的各省军阀也不敢轻举妄动了,于是段祺瑞乘机出来争夺权力。

"讨逆军"攻占北京东华门

7月3日，段祺瑞自任"讨逆军"总司令，在津郊马厂誓师。发人深思的是段祺瑞在《讨逆告国人书》中竟称："该逆勋以不忘故主，谬托于忠爱，夫我辈今固服劳民国，强半皆曾仕先朝，故主之恋，谁则让人"；并为清室复辟活动百般解脱："当日是夜十二时，该逆张勋，忽集其凶党，勒召都中军警长官二十余人，列载会议，勋叱咤命令，迫众雷同，旋即挈康有为闯入宫禁，强为拥戴。世中堂续叩头力争，血流灭鼻。瑾瑜两太妃痛哭求免，几不欲生。清帝子身冲龄，岂能御此强暴，竟遭诬胁，实可哀怜。"这足以说明段祺瑞的"讨逆"乃是为旧主遭到"强暴""诬胁"而讨，并不是与封建复辟决绝的表示。

面临段祺瑞誓师，各派军阀也对张勋反目相向。在四面楚歌的困境下，他困兽犹斗，想作最后挣扎，但无奈他在北京的辫子兵只有3 000人，留驻在徐州的军队因山东军阀的阻隔而不能北调。讨逆战事从6日双方接战到12日结束，中经廊坊之战、丰台之战，当时各路军队有5万多人，并有大炮70尊，机关枪80架。辫子兵连日挫败，张勋见势穷蹙，曾派专使至津，请徐世昌出面调停，但未得允。9日，讨逆军便包围了京城，辫帅只得率军背城一战；12日，经一上午的交战，"讨逆军"攻入北京，辫子兵如鸟兽四散。可笑的是战场上除遗弃的军械外，还有战败逃亡时张勋的部下为戤踪灭迹而仓促剪掉的辫子。

辫军溃败后，张勋顾不及他的旧主，自己狼狈逃命，躲进东交民巷的荷兰使馆。紫禁城里，刚刚坐了12天龙椅的溥仪只得黯然下台，一场复辟闹剧到此匆匆闭幕。

三次军阀混战

直、皖、奉三系军阀

袁世凯死后，北洋军阀集团因失去了唯一有资望与能力统摄全局的人物而分裂为许多派系。其中势力最大的是以段祺瑞为首的皖系，以冯国璋、曹锟为首的直系和以张作霖为首的奉系。这三大军阀派系因各自首领段祺瑞、冯国璋、张作霖分别是安徽合肥人、直隶河间人和奉天海城人而得名。至直皖战争以前，内部纷争愈演愈烈，特别是段祺瑞与冯国璋两人，本来就素不相容，此时更是公开对立。段祺瑞俨然以袁世凯衣钵传人和北京政府真正主人自居，大有目无余子、不可一世之概，视大总统黎元洪如傀儡，对北洋同人徐世昌、冯国璋等亦有鄙薄之意。冯国璋则为对抗皖段势力在江苏督军任上联结长江诸督，更与民党通声气，自视为南部盟主，他的左右亲信也积极活动，其中河北同乡组成了一个拥冯排段的"成城团"，这个团体在北方军界里面有一定的力量，对段祺瑞攻击非常激烈。两人一南一北，各拥一派势力，为争夺北洋集团中的霸主地位而明争暗斗。

两派的地盘与权势之争，在张勋复辟以前就已殊形激烈。段祺瑞为了"掣冯之肘"，削减冯氏势力，一方面极力拉拢坐镇蚌埠的安徽省长倪嗣冲，使之成为自己的铁杆势力；同时利用浙江督军吕公望在内讧中被驱赶下台的机会，将其亲信杨善德由淞沪护军使调任浙江督军,从而既获得了皖、浙两省地盘,又对冯国璋形成南北钳制之势。张勋复辟失败后,黎元洪引咎辞职,冯国璋以副总统代行总统职权但仍留在江苏。段祺瑞等把冯国璋北上就任代理总统视为挟制冯氏,并瓦解直系"长江三督"联盟的极好机会,因此,一面电冯,促其就职,并派心腹靳云鹏赴南京敦促;同时准备指派亲信段芝贵接任江苏督军。但冯国璋窥破了段祺瑞等人的计谋,因此迟迟不行,并密谋对策,一方面举荐江西督军李纯接任江苏督军,绥远都统陈光远接任江西督军,以保持直系在长江流域的地盘。在动身赴京之前,冯国璋因担心一旦只身入围城而为段所制,故于抵京时随带嫡派师旅十五师为拱卫军;嗣又将与其颇有渊源的第十六师收归自己直接指挥。段祺瑞等见难于插足直系长江势力区域,便转而图谋湖南、四川两省地盘,提出傅良佐督湘、吴光新为长江上游总司令兼四川查办使的任命要求,作为同意李纯督苏、陈光远督赣的交换条件。经徐世昌出面斡旋,上述四人的任命令于1917年8月6日在双方各得其所的情况之下同时发表。从直、皖两系"各私其力,互相防嫌"的情形不难看出,双方的矛盾已由暗中斗争而渐趋表面化了。

冯国璋入主总统府以后,很快在对南方护法军政府战与和的问题上,与段祺瑞执掌的国务院之间展开了剧烈争斗,府院政潮于是又轩然大作。双方势均力敌,旗鼓相当,争斗的结果不仅是两败俱伤,而且势必使北洋集团的整体利益受到严重威胁,双方明知如此,然而在倾轧争斗时仍是各走极端,不留余地。事态的发展正是如此,由于直、皖两系为维护各自利益、争夺中央权力而相持不下,1918年10月,冯国璋与段祺瑞同时宣布下野,由徐世昌出任大总统。直、皖两系在西南问题上的和战之争也暂

张作霖与张学良

时告一段落。

在北洋军阀集团渐趋分裂,直、皖两大军阀派系相与争锋的过程中,关外的奉系军阀异军突起,成为北洋集团中与关内直、皖两系鼎足而立的重要派系。奉系军阀首领张作霖(1875～1928年),字雨亭,奉天海城人,早年曾寄身草莽,后受清政府招安,成为东北旧军军官。1907年清廷任命徐世昌为钦差大臣、东三省总督兼管三省将军事务,奉天、吉林、黑龙江三省各设巡抚,以唐绍仪为奉天巡抚,朱家宝为吉林巡抚,段芝贵以道员赏布政使衔署理黑龙江巡抚。督、抚四人皆北洋集团中人,东三省遂成为北洋军阀的天下。徐世昌赴任时随带北洋第三镇出关,并以该镇为基础扩建东北新军。张作霖所部旧军改编为陆军第二十七师，仍驻防奉天，张亲任师长。从此，张作霖以这支军队为资本，在东北的势力日增，奠定了割据东三省的基础。因此，东北地区的军队从历史发展的渊源来看，应当算作是北洋军阀系统下的一支武装力量。

1916年4月间，张作霖利用袁世凯因称帝而陷入严重政治危机的机会，驱逐了奉天将军段芝贵，攫取了奉天盛武将军督理奉天军务兼奉天巡按使的职权，成为名副其实的奉省最高统治者。后地方官制改革，张作霖改任奉天督军兼省长，一手掌握了奉天的军政大权。袁世凯死后，张作霖趋附掌握北京政府实权的段祺瑞，成为督军团中的一员主将。督军团宣布"独立"期间，张作霖乘机招兵买马，扩大实力，新编了第二十九师，任命吴俊陞为师长。不久，他又抓住与其作对的二十八师师长冯德麟因参与张勋复辟而被捕入狱的机会，轻而易举地将该师收归己有。至此，张作霖不但拥有三师之众，而且奉天全省也成了他的一统天下。

张作霖在完全控制了奉天地盘后，便开始积极向周边吉、黑两省及关内扩张势力。1917年7月，张作霖趁黑龙江军队内讧之际，向北京政府推荐其儿女亲家鲍贵卿为黑龙江督军，并派兵护送鲍赴黑就任，夺得了黑龙江地盘。1918年初，张作霖与徐树铮暗相勾结，在秦皇岛截劫了北京政府从日本购置的军械；嗣又大举派兵入关，并在军粮城设立奉军司令部，开始把势力触角伸向关内；同年9月，北京政府任命张作霖为东三省巡阅使，总揽东北三省军政大权；翌年7月，北京政府根据张作霖的意见，下令免去孟恩远吉林督军之职，任命张的亲信鲍贵卿为吉督、孙烈臣为黑督。至此，东北三省全都纳入奉系地盘，张作霖也因此成为割据称雄东三省的"关东王"。

至此,直、皖、奉三系军阀形成鼎足之势,展开了为争夺权力的纷争与混战。

直皖战争

虽然直、皖两系在西南问题上的和战之争以冯、段去职暂告一段落,但双方在权力与地盘的分配上始终未能协调。因此,它们之间的冲突非但没有缓和,反而不断激化,一场大规模的军阀混战正在酝酿之中。

段祺瑞去职以后,看似离开了北京政府的中枢,但由于他仍担任着参战督办,手中拥有参战军与安福国会两张王牌,仍置身幕后操纵着北京政府。为巩固皖系军阀的独裁统治,段祺瑞继续从政治军事各方面来增强自己的实力。

在军事上,他的参战军已因大战结束而失去了"参战"的借口,于是始而改名为"国防军",继而又改称"边防军",并派其心腹徐树铮主管。然而,不管名称如何变更,这支军队仍然是由日本负责训练、装备、指挥和严加控制的段祺瑞的私人军队。皖系军阀把这支军队看作私产,其高级军官自不待言,即团营长以下军官也都由皖系军阀的爪牙和心腹来充任。皖系军阀就凭借这支武装来排除异己,扩大派系实力;在政治上,段祺瑞当时虽然已不是内阁总理,但仍利用安福国会,操纵政柄,制造阁潮,阻挠和破坏南北议和的进程,形成内与徐世昌、靳云鹏中枢政权,外与曹锟、张作霖地方实力派相对立的局面。

这一时期,段祺瑞与奉系结怨于派徐树铮西北筹边一事。徐树铮是段祺瑞的得意门生和主要幕僚,有强烈的个人野心,为

徐树铮

其他派系所嫉视。大总统徐世昌也颇不满他的作为,但怵于段
祺瑞的威势而不能不有所顾忌。因此,当皖系军阀为占据蒙疆
地盘而整编边防军准备西北筹边,并由徐树铮主持其事的时候,
徐世昌立表赞成,于1919年6月13日顺水推舟地任命徐树铮
为西北筹边使;24日又命徐兼任西北边防军总司令,督办外蒙
善后事宜。让徐树铮到西北筹边,远戍外蒙,实际上是让他陷身
于外蒙所谓"自治"的漩涡之中;7月18日,徐世昌以大总统令
的形式批准公布了徐树铮提出的"西北筹边使官制"。这一官
制使西北筹边使拥有相当大的权力,除东三省为张作霖范围外,
其余热河、察哈尔、归绥、晋、秦、甘、新各省及内外蒙古之一切政
权,并所谓筹款权、用人权、采矿权、筑路权、军事权,俱归徐一人

145

掌握。这一官制案一经提出,便遭到直、奉军阀的反对。特别是张作霖,他早将蒙疆地区视作自己理所当然的势力范围,因此授意东三省议员投票反对。但结果这个官制案还是获得了通过,由此,使皖段与直、奉军阀尤其是奉系军阀间的矛盾更深了。

皖系的主要对手是直系,直系自冯国璋于1919年12月28日去世后,即由曹锟代其地位成为直系首脑,而曹锟又得力于他的心腹爱将——北洋军阀中的"后起之秀"吴佩孚。当时吴虽只是一名师长,但由于他身处南北战争的前线,因而其一言一行颇引人注目。他的权力所及也已不仅限于第三师,尚有若干直系部队受他的指挥,计有五混成旅、四补充旅的兵力。

吴佩孚在奉命对南方作战中曾耍弄他独具的政治手腕,始而驱兵疾进,所向无敌,继而陈兵不战,通电主和。从1918年8月初起,他连续发出"罢战主和"的通电,痛斥段祺瑞亲日卖国,谴责段祺瑞的"武力统一"是"亡国之政策",揭露安福国会是以重金大施运动,排斥异己,援引同类,所选议员半皆恶劣。吴佩孚所运用的种种政治权术博得了南北军阀对他刮目相看。随着曹锟在直系军阀中地位的提高,吴佩孚也逐渐成为直系中名至实归的首领。

吴佩孚的"罢战主和"乃是借此反击段祺瑞对他的防范与钳制,并用以扩充个人和派系势力的一种手段。同时,他还与南军通款携手。1918年6月,吴佩孚未经北京政府同意,便擅作主张,派代表与湘军代表订立了湖南停战协定。此后,他与西南军阀之间不仅密电往还,信使不断,而且还联名通电,共表主张。重大事件发生,吴佩孚与唐继尧、陆荣廷、谭延闿等人皆有密电往来;8月31日,吴佩孚更是向西南方面提出了签订一项旨在共同对付皖系的军事密约即"救国同盟条件"的建议,旨在反对皖段的"武力统一"。在得到西南各省的赞同后,便开始了联合反皖的行动。

在吴佩孚与南方军政府互通款曲的同时,曹锟与张作霖也密为接触,谋划反皖。约在1919年秋冬之间,直系四督(直督曹锟、苏督李纯、赣督陈光远、鄂督王占元)与奉系三督(奉督张作霖、吉督鲍贵卿、黑督孙烈臣)就结成了七省反皖同盟(后来河南赵倜又参加,成为八省同盟),但他们因段祺瑞资深望重而有所顾忌,不欲直接反段以留有余地,遂采用封建时代的"清君侧"之策,集矢于徐树铮。而段祺瑞一向刚愎自用,决不因外来压力而弃置徐树铮,于是局势就恶化到不可收拾的地步。

1920年1月初,吴佩孚根据与西南各省达成的协议,正式向北京政府提出撤防北归的要求。段祺瑞集团仔细研究了吴军的撤防问题,认为吴军一撤,南军乘虚直入,皖系即无可用之兵,自然会引起严重后果;而且吴军撤回保定后,对北京政府也将构成很大威胁,直、皖两系势必形成短兵相接的局面,因此,段氏集团决定阻止吴军北归。吴佩孚坚请自湘南撤防的电报如雪片似地飞往北京,而且措辞越来越激烈,大有不达目的誓不罢休之势。段祺瑞等见吴佩孚北归之意已决,不得不于5月17日以参陆办公处的名义发电,同意了吴的撤防请求;5月20日,吴佩孚率所部第三师及王承斌、阎相文、萧耀南三混成旅撤出湘南防线,水陆兼程,迅速北归;31日,吴军行抵武汉,稍事休整;于6月5日继续北上;9日抵达郑州,遂即在直豫之交分布驻扎。至此,吴佩孚撤防完成,并将所部布置到保定至高碑店的京汉铁路沿线,摆开了与皖系军队对峙的姿态。与此同时,张作霖所部奉军也借口北京防务空虚,必须"拱卫京师",于6月上旬将驻在独流的四个营开往廊坊。如此一来,京津地区已呈"山雨欲来风满楼"的态势了。

鉴于直、皖关系日趋紧张,战争阴影骤然密布,时任大总统的徐世昌于6月7日、14日、18日连发三电,敦请张作霖、曹锟、李纯三人迅速来京筹商解决时局的办法。曹锟与李纯因忙于作战前准备,没有应召入京,只是派代表赴京以为敷衍。张作霖则早有问鼎中原、觊觎中央政权的野心,因而在接到徐世昌的求助电报后,便慨然整装就道,进京充当"调人"。6月19日,张作霖抵达北京;20日、21日,张两次谒见徐世昌,提出挽留靳云鹏,撤换安福系三总长,补提外交、农商、教育三总长的调停方案;22日下午,张作霖携部属及联盟各省督军代表由京赴保,明为疏通曹、吴意见,实则共商对付皖系之策及议定调停政局办法。由于双方态度都比较强硬,直方关于解散安福系、撤除徐树铮兵权等要求,当然不为皖方接受,会议已成破裂。7月1日,直系曹、吴公开发布反皖通电;6日,张作霖又受徐世昌之托作最后一次调停,未获实效。次日,张作霖即悄然离京去军粮城,一面虚伪地发表"局外中立"宣言,一面则以军粮城为中心,在天津、北仓一带部署重兵,以示支持直系。奉系的态度变化说明直、皖之间的战事已无可挽回。4日,徐世昌发布免去徐树铮西北筹边使职务,收回西北边防军的命令,皖系不仅不予接受,乃以兵力胁迫徐世昌于9日发出惩办曹、吴的命令,引起直系的愤激,双方已处于战云密布的前夜了。

7月9日,徐世昌发出惩办曹、吴令的当天,段祺瑞以"兴师讨逆"为名,将近畿皖军改称"定国军",在团河设立总司令部,自任总司令,派徐树铮为总参谋,段芝贵为第一路司令官兼京师戒严总司令,曲同丰为第二路司令官兼前敌司令,魏宗瀚为第三路司令官,傅良佐为总参议,并命边防军第三师陈文运部开赴廊坊,第一师曲同丰部与陆军第九师魏宗瀚部、第十五师刘询部等开往长辛店、卢沟桥、高碑店一线,"分路进攻"直系军队。

直系方面获悉北京政府发布惩办曹、吴令后,"军心愤激,一意主战,更无回旋之余地",当即以直系全体将士名义发布了早已拟就的《驱除安福系宣言书》和《为讨伐徐树铮告全国各界书》;曹锟亲赴天津举行誓师大会,将所部定名为"讨贼军",设大本营于天津,设司令部于高碑店,派吴佩孚为前敌总司令兼西路总指挥,蓟榆镇守使兼直隶第四混成旅旅长曹锳为东路总指挥,直隶第一混成旅旅长王承斌驻郑州为后路总指挥。前线直军开始进入战备状态,吴佩孚以"讨贼军"前敌总司令名义发表了通电,并宣言"将亲率三军,直向神京,驱老段,诛小徐"。

与此同时,张作霖乘机调集奉军第二十七、二十八两师大举入关,在京奉路、津浦路以及马厂、军粮城一带布防。7月12日,张作霖与曹锟、王占元、李纯、陈光远、赵倜等联名发表声讨段祺瑞的通电;次日,他又发表派兵入关通电,宣称奉军入关的目的在于"扶危定乱","其与我一致者,甚愿引为同胞;其敢于抗我者,即当视为公敌",将助直倒皖的意向明告海内。

从7月11日开始,直、皖两军在前线已有小规模冲突。直、皖两军的战区,分东、西两路。东路在京奉铁路沿线,西路在京汉铁路沿线。西路是双方的主力战争,皖军由段芝贵担任总指挥,直军则由吴佩孚担任总指挥。7月14日晚,皖军以边防军第一师和陆军第十五师为先锋,向吴佩孚督率的直军第三师发动进攻,直军不支,退出高碑店。同日,东路皖军由梁庄、北极庙一带向杨村直军进攻,直军在杨村站吊桥两旁架设大炮还击,双方互有伤亡,胜负一时未决。16日,由天津开来一支日本"护路队",借口维护铁道交通,强迫直军移走大炮,并退到铁路两英里之外。于是，直军防线被打开一个缺口，皖军乘虚而入。直军放弃杨村，退守北仓，京津铁路因此不能通车。

从14日至16日，三天打了两仗，都是直军败北。

17日，直皖战争东西两战场形势突变。在西路战场，吴佩孚主动退出高碑店，亲率一部直军，绕出左翼，向涿州、高碑店之间的松林店突击。这是皖军前敌司令部所在地，由于猝不及防，几乎没有进行抵抗，皖军主将曲同丰和司令部全体高级将领都做了吴佩孚的俘虏。结果，这一路的皖军边防军第一师、第三师及陆军第九师、第十三师、第十五师各部群龙无首，军心动摇，斗志全失，像山倒堤崩一样从高碑店败退下来。当天，直军占领涿州，并乘胜向长辛店追击前进。刘询所部陆军第十五师原属直系，是冯国璋的卫队，冯死后被陆军部收回，由于与直系有这一层渊源关系，因此，此次直皖战争中该部虽奉命前来参战，但并不愿意真的与直军交战。战斗打响以前，就有刘询不稳之说，及至皖军在西路遭受重创，该部便不战而退，大部分投降，小部分逃回北京。

段芝贵身为皖军西路总指挥，却以火车为司令部，在麻将桌上指挥作战。败讯传来，他便开动火车，直逃北京。自是西路统率无人，兵士益无斗志，一遇直军，非降即逃。20日，直军占领长辛店。

随着皖军在西路战场的大败，东路战场的形势也急转直下。东线战斗打响后，皖军因得到日本"护路队"的相助，进展颇为顺利，前锋已逼近天津。天津是直军总司令部的所在地，又为保定粮站后路，若取天津，则保定不战自乱。再由汽车路截保定后路，就能使直军全军失败。但就在皖军准备乔装成警察队（因军队不能进入租界）潜入天津城时，传来了西线皖军大败的消息，同时奉军正式出兵参战,与直军一起向皖军发动猛攻。皖军东路总指挥徐树铮无心恋战,由廊坊逃回北京。东路皖军失去指挥,或溃或降,至20日后,京奉线一带已无皖军踪影。

段祺瑞迭接败耗,知大势已去,无可挽回,遂于18日请求徐世昌下了一道停战令,以阻止直、奉两军进攻北京;同时派傅良佐赶赴天津,与直系具体商谈停战事宜,并主动提出了惩办徐树铮,解散边防军、安福俱乐部和安福国会等项,作为停战议和的条件。19日,段又通电引咎辞职,以应付败局,但已完全掌握战场主动权的直系并不想就此罢手。23日至24日,直、奉两军以胜利者的姿态进入北京分别接管了南、北苑营房。直皖战争至此即告结束。

直皖战争结束后,北京政府在直奉军阀的支配下,接连发布了多道命令,以处理军事善后事宜,清除皖系军阀的势力。7月23日,特派王怀庆督办近畿军队收束事宜。24日,准免"安福系三总长"李思浩、朱深、曾毓隽分别担任的财政、司法、交通总长职务。派田文烈署交通总长,财政、司法两部部务暂由次长代理。准免京畿卫戍司令段芝贵职。26日,撤销对曹锟、吴佩孚等的处分。令准京师警察总监吴炳湘辞职,派殷鸿寿继任。28日,准免段祺瑞督办边防事务兼管理将军府事务各职,裁撤督办边防事务处,撤销西北军名义,官兵给资遣散。29日,下令通缉查办皖系祸首徐树铮、曾毓隽、段芝贵、丁士源、朱深、王郅隆、梁鸿志、姚震、李思浩、姚国桢等十人。8月4日,下令解散安福俱乐部。8月7日,下令通缉安福系党魁王揖唐及骨干人物方枢、光云锦、康士铎、郑万瞻、臧荫松等人。与此同时,各地的皖系军队也相继被直、奉军阀收编或遣散。

直皖战争,漫天风云,扰攘中外,双方"冷战"长达二三年之久,战前互相攻讦的电报战也有一个多月,但真枪实弹的"热战"不过五天时间而已,便以直胜皖败的结局而告终。皖系军阀经此一战,军事和政治势力遭到毁灭性的打击,特别是段祺瑞、徐树铮等苦心经营数年,花费巨大代价建立起来的边防军和西北军,只经过短短数天几个回合的较量,即告全军覆灭,这是段、徐等人所始料不及的。

直、奉军阀联合打败皖系军阀后,共同成为北京的主人。但直、奉军阀共同主宰北京政府的局面并没能维持多久,昔日的盟友便很快公开反目,成为新一轮军阀派系纷争与混战的对手。

第一次直奉战争

在1920年7月的直皖战争中,由于直、奉两系的联合作战,结果直胜皖败,段祺瑞宣告下野,从而结束了长达四年之久的皖系军阀统治时期,代之而起的是直、奉两大派系共同控制北京政权。也就是说,这时的北京政府已由过去皖系单独支配的局面改由直、奉两方操纵共管:一是曹锟,这位直系首脑人物,以胜利者的姿态,步段祺瑞之后尘,坐镇保定,遥控北京政权;一是奉系首领张作霖,自居在战争中有举足轻重之地位,有拔刀相助之功而飞扬跋扈,抱着扩张势力的野心,坐镇奉天,想成为北京政府的太上皇。自此之后,以大总统徐世昌为首的北京政府要想干成任何一件大事,均须征得双方的同意,否则断难施行。而且,这两大集团投靠、依恃的英、美和日本帝国主义在中国的势力范围,又各不相同,致使直、奉两系之间矛盾重重。

1920年9月,大总统徐世昌为了平衡直、奉关系,任命曹锟为直鲁豫巡阅使,吴佩孚为副使,与张作霖之东三省巡阅使的地位相等,并共同商议曹、张在政府中均衡的办法。直、奉双方在实力一度相对平衡的情况下,在短暂的时间内曾出现"和平"的局面。但对许多重大问题,如对南方的和战问题、国会问题、选举问题等等均未涉及,因此他们之间只是在这一短暂时期内有了一个临时性的协议,并没有解决根本问题,派系间的矛盾仍在酝酿、滋生和发展之中。

直、奉两系关系的变化,其中还掺杂着英、美、日帝国主义之间错综复杂的矛盾。直皖战后,皖系的失败使日本在华势力遭到沉重打击,而直系的胜利也给英美势力在第一次世界大战后的卷土重来并进而打破日本在华的独占优势创造了有利条件。但这并不意味着日本势力的完全失败,因为日本帝国主义者并不甘示弱,就在皖系日益遭到中国人民唾弃和痛恨的时候,它已经在物色另一个北洋军阀集团的头目——奉系军阀张作霖作为自己的工具,以便维护已获得的权益,并继续进行扩大势力范围的斗争;而张作霖为了扩充自己的势力,也必须依靠日本帝国主义才能达到目的。两者之间为了各自的需要,便紧密地勾结起来了。既然直、奉两系军阀的后台老板不同,他们在战争中形成的这种联合也只能是暂时的,况且他们在占领地盘、收编残兵,尤其是对北京政府的控制上,斗争异常激烈。所以,这种暂时的联合不久便随着矛盾的日益扩大而呈现危机。矛盾主要表现在张作霖和吴佩孚之间。

吴佩孚(1874～1939年),字子玉,山东蓬莱人,清末秀才,后来流落到京,无正当职业。1898年到天津投入淮军聂士成部当兵;1906年升任北洋军曹锟所部管带;辛亥革命期间,他在山西娘子关一带参加镇压革命军;袁世凯称帝时,曾率军入川镇压护国军;1918年春,以旅长代理第三师师长兼前敌总指挥,在湖

吴佩孚

南攻打护法军。1919 年末冯国璋死后，曹锟成为直系的首领，吴佩孚为其手下得力干将，资历虽浅，却能征善战，深得曹锟的倚重。曹深知他能有今天这样显赫的地位，与吴佩孚有很大的关系，所以常说："子玉是我最大的本钱。"而吴佩孚经曹的多次提拔，累官至直鲁豫巡阅副使，成为"直系势力的灵魂"，与曹并称为直系的领袖人物。

直皖战争后，吴佩孚因屡立战功，名声大噪而不可一世。此时，他既不买张作霖的账，对曹锟也不完全驯服，加之英美等国在华势力又看中吴佩孚可资利用，在报章上把他吹捧成中国唯一的"英雄"，使得吴佩孚自己也颇为自负而有"舍我其谁"之感，尤其他对直皖战争中奉系作用的看法对张作霖颇有触怒。张作霖认为，直皖战争如果没有奉军参战，直军就不可能取得胜利,因此奉军的倒向是这次战争孰胜孰败的决定因素;吴则认为,奉军参战投机取巧,坐观成败,这次战争决胜负的关键一战是松林店一战,而这一仗是他的汗马功劳。因此,他对张作霖在战后抢夺大批辎重武器及财物,且将战时所获军用品,装车百辆运奉的举动,尤为"愤懑不平,几欲动兵截击奉军"。吴还认为,既在军事上取得胜利,在政治上就应当有极大的发言权,而他的政治主张理应受到全国各方面的特别重视。应当说,吴佩孚不仅懂得军事战,喜用策略,而且也颇谙政治战,善抓题目。当时南北政府分立,军阀混战,百姓思治,而他早有取消南北两个政府,另立新政府的野心,于是便大造舆论,提出召开国民大会解决国事,以平息纷争,并于 1920 年 8 月 1 日,发出通电,提出召开国民代表大会的具体办法,以谋求政府权力。

吴佩孚召开国民大会的主张,得到不少团体和个人的响应和赞同,但却遭到徐世昌、靳云鹏、张作霖等的强烈反对。特别是张作霖,他认为吴佩孚不过是曹锟手下的一个师长,所以对他甚为轻视。当记者询以对吴的印象时,他毫不隐讳地说:"我只知向曹使商谈大事。吴是区区师长,全国师长有好几十个,我手下也不少,倘人人欲闻政治那成什么话!"后来,由于日本的干预和张作霖等人的坚决反对,特别是直系内部意见也不一致,吴佩孚炮制的"国民大会"的计划未能实现。这使吴佩孚意识到,他自己支配北京政权的条件还远未成熟,也就是说他的实力还不能左右当时的政治局面,迫使他下决心扩充自己的力量。于是,他把自己统率的第三师全部撤回其盘踞的洛阳,以示"不问朝政",并决定在此埋头练兵,扩大实力。

洛阳素有"九朝故都"之称,为十省通衢,四通八达,地理适中,在此驻兵,则居中可御外,宜于武力统一全国。当时,吴佩孚以直鲁豫巡阅副使的名义,统率兵力达五万之众。吴佩孚在洛阳一方面扩充师旅,补充兵员,配备新式武器,加紧操练;另一方面,他为了最大限度地扩充自己的势力和取得帝国主义的支持,坚持向英、美官员和民间人士讨好,以便在他取得最高权位的时候,赢得他们"道义"上和物质上的支持。

张作霖深知吴佩孚在洛阳整军经武的野心,便把吴视为最危险的对手,时刻加以戒备。随着直、奉间矛盾的逐步加深,奉系在不断扩大自己营垒的同时,更加投靠日本帝国主义。正是在日本帝国主义的大力支持下,张作霖才敢于抛开直系,鼎力支持梁士诒组阁,且在梁受到直系吴佩孚的攻击之时,以一种不屑一顾的态度,向梁做出一切问题自有本帅作主的保证。而吴佩孚对梁士诒的一举一动早就开始注意,并紧紧抓住梁数次组阁中对内失措、对外屈辱的罪状,不断发动各方发布电报文告,以舆论战进行倒阁活动。张作霖也了然吴之倒梁,实在反奉,张不得不以调停阁潮方式应战。

吴佩孚在进行舆论大战的同时,并没有放松军事上的准备。1922 年初,吴抽兵沿京汉北上,并接连增加兵额,调动防务。至 1 月中旬,北上直军已有二三万人;2 月下旬,吴还在洛阳召集军事会议,与甘、陕、鄂、赣、苏、鲁、豫、直八省督军代表取得一致意见,即"对奉坚持到底"。奉张方面也采取了相应的对策,2 月 1日,关内奉军总司令部召开紧急会议,研究对策,不过这时奉军对于直军的备战还是采取以防为主的策略。上旬,张作霖再次召集高级军官会议,令关外的部队整理军装、军备和军火,进行野战操练,并要求听候命令,令下即刻出发;关内的驻军也相应频频调遣,甚至关内军官的眷属亦须连夜收拾行李,发给免票,一律回奉,备战气氛已很紧张。

经过 2、3 两月的酝酿,4 月初,直奉战势已成定局。自 4 月中旬开始,直、奉双方积极调兵遣将,摆开战阵。

13 日,曹锟在保定召集直系军官会议,决定"放弃天津,固守保(定)郑(州),衅不我开,取攻势防御",并当即授吴佩孚以军事全权,甚至表示"本人亦完全听令"。15 日,吴佩孚由洛阳赴保定,与曹锟商定对奉战略。根据吴佩孚原已进行的部署和奉军已占据的目标,在保定、郑州各集中 3 个混成旅,沿津浦线直军均向京汉线撤退,以近畿琉璃河、高碑店一带为第一防区,保定至顺德为第二防区,郑州、洛阳为大本营。曹锟、王承斌任正副司令,沿京汉线北接保定,迎击长辛店奉军。吴佩孚为南路司令,坐镇陇海方面,一翼向徐州与江苏联络,控制皖浙方面军队,使之不得与南下奉军连接;一翼沿津浦线北上,以直接进攻奉军。同日,奉军在山海关设总司令部,并定名为"镇威军"司令部,由第二十七师师长张作相任兵站总司令;为加紧储运军备,又在奉天设立总兵站,并在关外以锦县为主地,关内以滦州、天津为主地,沿京奉铁路之沟帮子、绥中、山海关、唐山、静海、杨柳青等处设立分站。至 18 日,入关奉军已达 67 列车。22 日,张作霖以镇威军司令名义发布入关通告,表示以武力为统一后盾,并决定亲自率兵入关。同日,吴佩孚发布通电,指责奉军入关是"节节进逼",要求奉军一律退出关外,驻京奉军司令部同时撤销。同张作霖一样,在设法约束对方的同时,吴佩孚也大量调集自己的军队。其时,吴已将共 6 师零 6 混成旅约十万余人、炮 75 尊集中在京畿琉璃河一带,分为两路部署:以张国镕为东路司令,统帅第二十六师、第十二混成旅、第十三混成旅、第十四混成旅及第三师之一部分,任天津一带防备;王承斌为西路司令,统帅第二十三师、第二十四师、第一混成旅、第十五混成旅、第三师之一部分,任京保一带防务。

4月21日,直系兵力布防基本就绪,再次向奉张发出挑衅。同日,吴佩孚纠合齐燮元、陈光远、田中玉、赵倜、萧耀南、冯玉祥、刘镇华等军阀,发表抨击奉张的通电。22日,曹锟又发出通电,指责张作霖在京津以及长辛店一带布置战线等情事,并谓:"统一当以和平为主干,万不可以武力为标准。方今人心厌乱已极,主张武力必失人心,人心既失,则统一无期,可以断言。"直系方面气势汹汹,尤其是曹锟的表态使战争的火药味愈加浓烈。

直、奉两方的剑拔弩张,引起人情惶恐。北洋元老王士珍邀集张锡銮、赵尔巽以及王占元等六人,分别致电曹、张,调停直、奉纠纷。但这种毫无实际利益内容的调解是软弱无力的,甚至大总统的处置亦遭到拒绝,双方的交战气氛已形成一触即发之势,无论来自何方的调解都已无济于事了。

最后,直、奉军阀的斗争演化为相互揭露对方罪状的电报战。4月26日,吴佩孚、齐燮元、冯玉祥等一大批直系将领联名发表"宥"电,以千余字的长文,颇为"义正辞严"地宣布了奉张"十大罪状"。当日,吴佩孚召集直系将领行誓师礼,并于誓师后即赴前线督战。27日,张作霖发出通电,痛斥吴佩孚的种种罪行已为"天地之所不容,神人之所共怒"。双方彼此揭露罪状的电报宣告双方已经决裂,立即将战争叫嚣付诸武力行动。

在正式交战前,两军的战线迅速逼近,并发生数次摩擦。4月26日开始,由直系首先发起攻势,当日凌晨3时半,吴佩孚下令各军前进,由琉璃河、固安、永清三路同时进攻,限一星期攻到天津。当天下午双方在任丘、河间一带交火达三小时之久。27日夜,东路直军在姚马渡进击李景林部,交战一昼夜,奉军占领姚马渡、南赵扶等地。28日拂晓,静海、马厂、良王庄均有接触。

同日，东路直军第二十六师由马厂进至唐官屯，与文安、霸县、固安、琉璃河联成一线，并进攻青县，奉军李景林部以两混成旅之兵力反攻，直军败退大城；同日，奉军连克大城、霸县。因此，吴佩孚便向全国通电，称："奉军在琉璃河北直袭直军防地，被击退三十里"，大造奉军进攻直军的舆论。在吴佩孚的指挥下，直军在东路由第二十四师师长张福来率第一混成旅、张国镕率第二十六师围攻马厂，并派大批骑兵由京东出通州、蓟州，奔袭卢龙，以断奉军归路；在西路又以第二十三师及第十三、十四两混成旅与良乡一带奉军激战，双方死伤甚众，但良乡终为直军所占，于是又有"西路直军已追过良乡，伤敌千余，俘虏二百，获械弹无算"之传说。在军情急骤升级之时，豫督赵倜任宏威军第一混成旅旅长，马灿林为河南援直总司令，率该旅及豫北巡缉营赴保定助战，直军声威大振，而奉军却处于被动。于是，张作霖于 28 日晚赶至军粮城，自任"镇威军"总司令，任孙烈臣为副总司令、杨宇霆为参谋长，沿京奉、津浦两路布置军队。29 日，奉军发出总攻击令。至此，由于直奉军阀的斗争逐渐升级，终于爆发了第一次直奉战争。

这次战争的起讫时间是从 1922 年 4 月 29 日至 5 月 4 日，主要战场可按作战地域大致分为东路、中路、西路三个方面。

东路战场接战时间最早，主要在津浦线进行。4 月 21 日即有奉军阚朝玺部与直军张国镕部发生冲突，双方几经接触，互有伤亡，至 28 日便集兵于大城一带。当时直军占领县城，奉军进攻，直军以第二十六师增援，双方激战甚烈。29 日午，奉军张作相统率卫队旅四营及第四混成旅一团进攻直军第二十六师之后，又调第三混成旅助战，直军不敌，退向任丘。30 日上午，奉军加增李景林部万余人，集中优势火力，以机关枪为前导，并附以骑兵,进攻任丘。正值直军难以抵御之时,王承斌部援军赶到,大败奉军,乘机追击,占领大城白洋桥。5月1日,王承斌亲自指挥部队迎战奉军,在姚马渡、白洋桥附近经过九次交锋,终于击败奉军,将军队布防于青县、大城、霸县之间,又于次日攻克大城县。奉军失守大城后,即派张学良率步兵万人、许兰洲率骑兵一旅、炮兵一团增援,直军也增加第三师之一部,双方鏖战经夜,奉军大败,向东北方的杨柳青溃退。直军遂于5月3日再攻马厂,由于奉军急调驻扎静海、杨柳青的部队助战,使直军一度失利,幸而任丘方面的援军及时赶到,才使直军得以喘息。直、奉两方在姚马渡、白洋桥一带二次交锋,奉军连攻五次,直军正勉力招架之时,传来直军在中路获胜的战讯,顿时士气大增,连连反击,奉军向静海方面撤退,直军遂占马厂、青县。至此,败退后集中于静海方面的奉军尚有4个旅的兵力,曾谋组织反攻,不料5月4日传来西路奉军大败的消息,顿时鸟兽四散。直军进占静海,奉军7000余人缴械投降,直军乘胜追击,奉军残部且战且退,经杨柳青退至北仓,再退至军粮城,终于5月7日全部缴械。

从当时战争形势看,西路最为重要。西路战场虽号称京汉路沿线,但实际作战范围仅在京西南方向的百余里之内,主要经历了长辛店、琉璃河、卢沟桥诸次大战。长辛店为西路奉军司令部所在地,由第一师、第十六师驻守。4月28日,直军张福来所部第二十四师和董政国所部第十三混成旅向长辛店奉军开战,奉军早有炮兵准备,且周围还埋设了地雷,直军死伤甚重;至傍晚时分,直军西路总指挥孙岳出兵突袭奉军,致敌死伤千余人,幸而奉军有汲金纯部来援,才使长辛店失而复得,并迫使直军退兵60余里。29日晨,奉军追击直军至琉璃河附近再次交锋,直军先败后胜,复据良乡,并于当日晚10时由南岗洼进逼长辛店。

据守长辛店的奉军一面以猛烈炮火阻击直军,一面调集第二十八师第九旅、第二旅及察哈尔骑兵旅的优势兵力向直军反攻。由于直军以村庄民房为掩护,所以连同附近南岗洼、北岗洼、水流坊、东王庄等十余村庄均被奉军炮火击毁。两军屡进屡退,伤亡无算,奉军集中炮火猛攻直军阵地,情势异常吃紧,而吴佩孚严守长辛店,指挥董政国的第十三混成旅坚守阵地以疲奉军,如此奉军猛攻,直军坚守,相持一天一夜。至30日,吴佩孚下令改攻为守,直军乃从长辛店返回良乡以南。直军退走后,奉军西路第二梯队长邹芬亲临前线重新布置防御,在长辛店前方设榴霰弹炮位7座,每座架6寸口径炮3尊,由暂编第一师、第十六师及第九混成旅的兵力正面迎战,以第十九师及第二十八师在长辛店以北助战。这天拂晓,前敌直军分三路来攻,每路分火线三道,双方投入军队近10万人,这一场厮杀直至午后,然后又在南岗洼、卢沟桥、窦店、琉璃河一线流动作战,其中在琉璃河附近交战甚剧,直军由卢沟桥败退。由于双方都集中了大量兵力和火力,因此均损失惨重,直军旅长董政国、奉军旅长梁朝栋毙命。是夜,奉军回守长辛店,直军则返集良乡。5月1日黎明,由于奉军复攻而再次交战,孙岳将直军分为三路,企图以正面进攻长辛店,左右两路袭击奉军两翼的策略战胜奉军,但彼此短兵相接四次,直军死伤约千人以上,终不能达到目的,届时已近午夜,只得退守琉璃河。2日,中路正值大战,直军为阻止奉军增援,乃以猛烈炮火向长辛店和奉军阵地轰击,并派两架直升机投掷炸弹,奉军慑于炮火未能出战,使直军趁此得以喘息。直军多为步兵,擅长夜战,于当日夜再袭奉军,企图直捣长辛店的奉军司令部,奉军以炮兵优势拼命抵抗,猛烈的炮火直泻直军阵地,这一战虽然直军未能得手,但奉军已损耗大量炮弹。3日晚,吴佩孚探知奉军炮火消耗不少,乃亲自指挥,以大队直军利用夜色再攻长辛店的奉军正面部队,先以一营兵力诱敌上钩,另派精兵第二十一混成旅绕道奉军后方,从凤凰山门头沟一带压迫奉军右侧背面,迂回攻击,并截断对方援军来路,使奉军首尾难顾,狼狈不堪。4日晨,直军径扑卢沟桥,使奉军腹背受敌,而奉军炮弹均告用罄,一筹莫展。先是邹芬所部第十六师在门头沟投降,张景惠所部第一师及第二、第九两混成旅向卢沟桥一带溃退,直军乘胜攻克长辛店。张景惠令余部向丰台退却,吴佩孚率部追击,9时赶至丰台,严令直军只能前进,不准后退,临阵脱逃者立即枪毙,并亲率卫队在前方督战。11时奉军西路总司令张景惠突乘专车赴津,其部下秩序大乱,向张家口逃者约5 000人,向廊坊、落垡逃者约3 000人,其余四散,另有部分奉军由长辛店溃退经西直门至西苑,被京畿驻军解除武装,其余散兵在退逃中纷纷投降。至5日,直军增援部队加入战斗,直冲到丰台。吴佩孚又分化奉军内部,使奉军张景惠部第十六师向直军输诚。于是奉军前线陷于总崩溃,长辛店遂落入直军之手,奉军只好向山海关逃窜,约3万余奉军官兵缴械,西路战事遂告平息。

直军在长辛店之所以获得大捷,从而决定了整个战场的胜负局面,究其原因,是由于奉军第十六师停止了战斗。第十六师原为冯国璋的旧部,本属直系,师长王廷祯被奉系赶走,改派邹芬继任。在直奉交战中,奉张把该师摆在前线攻打直军,这和两年前直皖战争中被皖系置于前线的直系第十五师一样,使其自相残杀,以消耗直系实力,结果反使这两支原属直系的旧部,一遇有机会,便立即倒戈相向,使整个战局发生变化。

中路战场在津浦、京汉路之间。直军中路集中地在固安,由吴佩孚亲自指挥;奉军张作相则驻永清县城,两军前沿相距甚近。自 4 月 24 日起便有小范围冲突，正式大战则从 4 月 29 日始，当时，直军指挥为第二十三师师长王承斌，奉军为第二十七师师长许兰洲，双方均为精锐部队。起初奉军稍占优势，从 4 月 30 日至 5 月 2 日，两军大战数次，固安两度易手，均未决胜负。由于中路牵制全局，故吴佩孚亲上前线指挥直军，与张学良、郭松龄所部之劲旅在奉军所占的霸县周围多次较量。直军采取前后夹击的战术，使奉军受到重创。张学良为扭转战局，组织了千余人的敢死队，奋力反击，被直军击退，死伤惨重，郭松龄亦受重伤，奉军士气颓丧，溃败而退。直军夺取胜芳，并连克固安，奉军情势危急。张作相亲率第二十七师、第二十八师援军赶到，奋战四五小时，直军渐疲惫不支，吴佩孚得知此情况后，率领第三师之一部策应前线，并亲自临阵，以鼓士气。对阵两方虽为精锐部队，但奉军由于左右支应，战斗力大减，使直军得以抽兵北移永清。4 日，直军三面围攻永清，从上午 8 时至下午 5 时，永清四周枪声不断，炮声连天，奉军终于坚持不住而败走，张作相率残部连夜逃往天津，中路战场首先告捷。直军一路追击，连克杨村、落垡，直将奉军赶至廊坊。5 日，直军克廊坊，守军旅长自杀身死，千余官兵缴械，中路战争乃告结束。

从双方交战开始，张作霖自恃兵械充足，一直坐镇军粮城，不料前方传来的多是战败的消息，其间虽曾亲至前线观战，但仍难挽颓局。从 5 月 4 日中路失利开始，东、西两路也先后落败。张作霖见大势已去，只得下令结束战事，于 5 日带着他的行辕离开军粮城奔赴滦州。大量奉军溃兵除被缴械的以外，其余纷纷向东北方面退去。当战事已见成败之际，大总统徐世昌煞有介事地于当日向曹锟、张作霖发出命令，要求双方迅速收兵，办理善后，"奉天军队即日撤出关外，直隶各军亦应退回原驻各地点，均候中央命令解决"。而对于这场战争的是非则只能归罪于梁士诒等人,他同日发出的通缉令中称:"此次近畿发生战事,皆由于叶恭绰等构煽酝酿而成,实属罪无可逭。"据此将叶恭绰、梁士诒、张弧褫职后逮交法庭讯办。当然,这些命令无异一纸空文,直军继续追击败退的奉军,占领原奉军的地盘,并于6日进驻原奉军的大本营——军粮城,张作霖退至滦州。

直军在军事上稳操胜券以后,还要在政治上压倒对手。5月8日,曹锟以胜利者的姿态向全国发出通电,申明直奉战争乃系"奉张不惜甘冒不韪,首发大难",而直系获胜,则"由人心公理,战胜强权"。报端发表吴佩孚接见记者的谈话,十分明了地表达了直系下一步的计划,其中声称:"张作霖无故进攻邻省,是彼挑战,使人民蒙害,此等行为,如有(犹)盗匪,彼何能再为东三省巡阅使及奉天督军,当然将彼之现有各职褫夺,使彼退为平民。彼若不承认此条件,余即不回洛阳。"此后,直系军阀便以各种方法向北京政府施加压力,以达到名正言顺地削弱奉系势力的目的。曹锟于9日致电财政部:"此次战事发生,一切饷款均由曹锟与曹锐以私产出押三百万,不足又另外挪借一百八十万,今锟拟辞职归田,请归还四百八十万,以免私人负累。"吴佩孚也电京索饷,称:"直军现已无以为食,请速先发二百三十万,以资维持。"大总统徐世昌对直系这种"项庄舞剑,意在沛公"之举自然心领神会,立即于次日发布了任免令,免去张作霖原任东三省巡阅使、奉天督军兼省长、蒙疆经略使各职,听候查办;吴俊陞调署奉天督军,特任冯德麟署理黑龙江督军;特任袁金铠署理奉天省长,特任史纪常署理黑龙江省长;东三省巡阅使一职着即裁撤。这是吴佩孚以奉攻奉,挑动奉系内部分化的阴谋,所以,冯德麟、吴俊陞、袁金铠、史纪常等都拒绝接替张作霖东三省本兼各职,并于 15 日发出通电宣称拒绝受命。与此同时,豫督赵倜因暗通奉张,在战争中宣布"武装中立",亦被免职,由直系健将冯玉祥接替督军位置;又特任亲直系的刘镇华暂行兼署陕西督军。这样,直系军阀不仅借北京政府在政治上给予张作霖有力的一击,而且将豫、陕两省也并入了自己的地盘。

为一举全歼关内的奉军,直军特于 5 月 10 日任翼长马廉溥为北方前敌总司令,任标统米振标为北方后路总司令,专司收束奉军溃兵,并对追堵奉军有功者进行"特赏",以资鼓励。至 5 月中旬,直军已将 3 万余军队开赴天津以北地区。流散的奉军败兵慑于外交团的警告未敢入京而多经天津溃逃。他们由于伤病饥馑而狼狈不堪:有的在车站内横置如物,有的下车后即要饮食,也有的掳掠抢劫,惊扰百姓,造成社会秩序一片混乱。当时,英、法、日等国列强为保护租界,已派兵 12 000 余名驻津,并在海河各码头布置了兵舰,戒备森严。在这种情势下,奉军亦不能在天津驻足,只得分水、旱两路向山海关方向退却。

张作霖这次入关作战,率军约计 5 师 10 余旅,连日三路大战,死于枪弹炮火之下约有 2 万余人,战伤及逃亡的约有 1 万余人,被直军围截缴械的约有 4 万余人。张作霖遁至滦州,招集残部,尚有 2 万余众,军费耗损约 3 000 万元。奉张虽兵败一时,失去了巡阅使及蒙疆经略使的头衔和支配中央政权的势力,但他的精锐未失,关外之潜力犹存。5 月 12 日,张作霖得知徐世昌的命令后,立即通电宣布独立,改称奉军总司令,宣言东北"自治",不受北京政府节制,并从即日开始,将关外溃散的奉军陆续向滦州集结,至 15 日,已达 7 万余人,并从吉林、黑龙江调来军队一混成旅,子弹有 7 铁篷车,均开到古冶、开平、滦州、昌黎一带驻扎,摆出与直军再行对抗的姿态。与此同时,奉系为保存实力在军事上组织退却,派专人在营口收集从水路退回的奉军,按名赏洋 5 元,然后调至辽宁沟帮子编练成军,以备再战;18 至 19 日,将退下来的万余步兵、炮兵、骑兵驻守在山海关内外,将25 000 余官兵派至关外绥中一带驻扎。在政治上,奉系则公开对抗已倒向直系的北京政府。5 月 19 日,奉天省议会宣布东北三省实行联省自治,举张作霖为三省保安总司令兼奉天省长,吴俊陞、冯德麟等亦由奉天公署通电,否认徐世昌发出的调署命令。不料,奉军在关内的最后一个据点——滦州于 20 日即被直军调集的主力部队攻克,张作霖见已难以在关内立足,便将司令部移驻榆关。26 日,张作霖回到奉天,奉系军队遂随之退回山海关以外。其间,直军曾在秦皇岛附近与奉军有所接触,但东北地区毕竟是奉系经营多年的巢穴,又是日本帝国主义势力范围之所在,使直军不能不有所顾忌,因此兵至山海关而罢手。是时,日、英、美等列强又出面调停。

6 月 17 日,直军全权代表王承斌、彭寿莘(一说杨清臣),奉军全权代表孙烈臣、张学良,在秦皇岛海面的英国"克尔留"号军舰上签订了停战和约八条,附约两款,以榆关为两军界线,双方分别撤军。19 日起,奉军开始撤到关外,直军除留一部驻防榆关外,大部撤回原防,两不相犯。

第一次直奉战争以奉系军阀的失败而告结束。在这场战争中,直系军阀投入兵力约 10 万人,大炮 100 尊,机关枪 100 架;奉系军阀则投入兵力约 12 万人,大炮 150 尊,机关枪 200 架,而且还有骑兵支援。在军事实力方面,奉军显系优势,但战争的结果却是直系获胜,其直接战果为歼敌 11 000 余人,缴获枪械无算,仅东路战场即缴获大炮百余尊,步枪 11 000 余支,手枪 1 200 余支,军用汽车 20 余辆,子弹 1 列车,军装、粮米等不计其数。

在政治上,直系在取得军事胜利后必然成为北京政府的实际操纵者,通过军与权的结合,直系将得到更多的利益。而奉系不仅在军事实力上受到空前惨重的损失,而且丢掉了关内的地盘,同时也大大降低了在北京政府中的地位和影响。

第二次直奉战争

　　直系军阀从 1920 年 7 月直皖战争至 1924 年第二次直奉战争前,为基本上控制中央政权的时期。其间可分为前后两个阶段:前段为 1922 年 4 月第一次直奉战争前,此时为直、奉联合控制中央政权;后段为第一次直奉战争之后,奉系败退关外,直系独揽中央政权。在直系军阀统治时期,吴佩孚的权势炙手可热,成为北京政府的实际操纵者。他随意玩弄大总统徐世昌、黎元洪于股掌之上,通过"贿选",将曹锟推上大总统宝座。直系军阀为了解决饷需、战费和个人私欲的靡费,利用克扣军饷、滥报军费、贪污纳贿、卖官鬻爵、横征暴敛等种种手段敛财,尤其是为了扩充地盘发生过无数次大小军阀的混战。1923 年 3 月间,吴佩孚在洛阳召开军事会议,以"武力统一"为口号,在川、湘、闽、粤各省点燃战火,在混战中扩张地盘,发展本派势力,掠夺人民财产,制造社会动乱。其中以 1924 年 9 月 3 日爆发的江浙战争最引人注目,这场战争是分别以直、奉势力为背景的江苏齐燮元和浙江卢永祥之间的争夺战,也是第二次直奉战争的前哨战。

　　与人祸同时,许多地区还遭遇了十分严重的自然灾害。1921 年,直隶、山东、河南、山西、陕西等省旱情严重,浙江、湖南发生水灾,甘肃等西北地区遭受震灾。1922 年,湖南、浙江、安

167

徽等地发生大水灾,人民挣扎在死亡线上。以湖南为例,8 月至9 月间,大水成灾的计有湘阴、浏阳、益阳、华容、南县、临湘、容县、临澧、澧县、常德、沅江、汉寿、桃源、石门、慈利、江华、桂东、桑植、桂阳等 21 县,损失以千万计,田禾颗粒无收,什物牲畜漂没无存,人民风餐露宿,哀鸿遍野。1922 年前后几年,湖南凤凰县连遭水旱灾害,再加上大小军阀不断混战,可谓年年灾荒、岁岁烽烟。一些散兵游勇,三五一伙,成群结队,在县境内四处偷盗行窃,有的甚至拦路抢劫,杀人越货,弄得民不聊生,如陷水火。1923 年水旱遍及 12 省;1924 年,闽、粤、湘、桂、鄂、豫、赣、冀、川、察、辽等省大水,淹没 1.3 万余人,财产损失高达 12 500万元。而这一年的大水灾,为数十年来所未有,仅直隶灾区计有 50 县,被淹的村庄就有 727 处之多,淹死百姓无算,只万全一县淹死者就 3 000 余人;东北南部 10 余县被淹;湖南省有 100万灾民无家可归。北洋军阀统治下的社会已在风雨飘摇之中。

　　第一次直奉战争后,奉张虽败,但只是丢失了关内的一些地盘,而关外的地盘及其实力犹存。张作霖退回关外后,在日本帝国主义的支持下,进一步地巩固其在东北的统治,并积极整修军备,扩充实力,以谋再战。张作霖在整军中,首先注重提高军队素质,淘汰老弱杂散队伍十之二三,推行所谓的"精兵主义";将所有的部队整编为陆军 3 个师、27 个旅,骑兵 5 个旅,而且每旅以 3 个团为标准,约计有 25 万人的兵力,并扩编了 2 个炮兵独立旅和 1 个重炮团;同时,重用有专门军事知识且经过严格军事训练的新派军人;设立陆军东北讲武堂,训练军官;改善和更新军备,使军饷充足,装备齐全,并建立空军、海军;修筑公路,开通电信,大量发行奉票,增强后勤保障机构。这种大规模的扩军备战,进一步加重了东北人民的负担,但对于奉系军阀来说,则是提高了与直系军阀较量的资本。

第二次直奉战争是在江、浙战争进行时爆发的。1924 年 9 月 4 日,为响应浙卢反直,奉张即以粤、浙、奉三角同盟为理由,向直系宣战。9 月 15 日,张作霖以镇威军的名义,自任奉军总司令,并遣军六路进逼热河朝阳,同时出动海、空军一部,所属六军分别由姜登选、李景林、张学良、张作相、吴俊陞及许兰洲统领。奉军的具体部署是:第一、三军担任山海关、九门口一线;第二军担任热河南路,向朝阳、凌源、冷口一线进军;第四军在锦州作为总预备队;第五、六两军以骑兵为主,担任热河北路。其中第一、三两军是整个战略计划的重点,战争的胜负将决定于山海关、九门口一线的决战。

直系军阀首领曹锟获悉奉军向热河、山海关进发,军情十万火急,即数次电召吴佩孚火速入京共商对策,主持对奉的作战任务。

吴佩孚自 1922 年 7 月由京返回洛阳以后,独树一帜,被视为直系中的洛派后台,并因为直系内部的权位争夺进而对曹锟贿选总统表示不满,便专意练兵,增强实力。他设有学兵团、讲武堂、军官讲习所、铁甲车队、炸弹队等各种组织。时洛阳有 4 架飞机,他便从"幼年兵团"中抽选航空人员学习驾驶,还组织学兵团人员学习开火车,以掌握先进技能;同时,在巩县设有规模宏大的兵工厂,以备武器弹药之需;还按计划轮训部队军官,以逐步增强部队的战斗力。总之,吴佩孚的最后目的是以"武力统一"全国,进而夺取最高统治权。

为了实现"武力统一"的政治目的,吴佩孚深知必须获得军队的指挥权,其中关键的一环在于臣服各师,因此他必然要千方

169

百计地削弱地方大小军阀的势力,掌握各师的实权。他的这些做法使直系内部各怀异心,在第二次直奉战前,已处于四分五裂的局面。对此,吴佩孚已有所察觉,所以当奉张发出挑战后,他曾密电曹锟,建议对奉采取缓和策略,以便争取时间,充实力量。但当面临奉系军阀的步步进逼,他除被迫应战外,已别无选择,故在拍发通电历数张作霖的罪状的同时,立即着手组织讨逆军,布置讨奉计划。

讨逆军由吴佩孚自任总司令、王承斌为副总司令。前敌分置三军:由彭寿莘、王怀庆、冯玉祥分别统领。吴佩孚则于10月14日由洛阳乘车北上督师。抵京后,曹锟立即发出讨伐张作霖的命令,正式任命吴佩孚为讨逆军总司令,并将司令部设在中南海四照堂。

自1924年9月15日至11月3日的第二次直奉战争较第一次直奉战争的规模要大得多。直系军阀方面包括直隶、河南、山东、热河、察哈尔、绥远六个省的兵力在内,共计达25万人;奉系军阀方面包括奉天、吉林、黑龙江三省的兵力约计17万人。双方兵力总数为42万人,而且均是陆海空一起参战。但从这场战争的全局看,主要为热河、山海关两大战场,战线则由朝阳至冀东,先后经朝阳、赤峰、山海关、九门口、石门寨诸战,成为北洋军阀史上规模空前的一次军事较量。

由于双方备战形势渐紧,自9月13日起,京奉铁路全线断绝,奉军开始向朝阳、山海关方面进发。15日,奉军李景林第二军第二十三旅李爽恺部在义州、九官、台门与直系毅军米振标部四营接战,从而拉开直、奉双方军事交锋的序幕。

由张作霖亲自指挥的热河战场是直、奉双方的接战之处,在战略上无论进攻还是防守对奉系均有重要意义,尤其对确保山海关主战场的顺利进行关系重大。因此奉方兵分南、北两路:南路由北镇出发,经朝阳、凌源进入喜峰口;北路计划由通辽至开鲁,再经赤峰南下承德,向喜峰口以西各口展开进攻。而直系在热河驻军相对薄弱:仅有龚汉治的第四巡防营5 000人驻守朝阳一带,米振标的毅军7 000人驻赤峰一带,张林的热河第一混成旅3 000人驻林西一带,以及热河游击队2 000人和热河巡防营1 000人分别驻开鲁、绥东、平泉等处。这部分军队装备陈旧,布防分散,与奉系实力相比显然处于劣势。

南路战场从9月15日奉军攻入义州至23日进入朝阳,一路取胜。同时北路在建平、凌源、赤峰进行激烈的战斗,随着奉军攻占赤峰,热河战场的奉胜直败的大局已定,其先头部队迅速直逼长城的冷口,展开了山海关战场的大战。

山海关北倚燕山,南临渤海,山海之间相距仅7.5公里,以其"京师屏翰""辽左咽喉"之险要位置而向为兵家必争之地。因此直、奉双方都将主力集中于此,山海关遂成为第二次直奉战争的主战场。

直军对山海关一战早有准备,自9月中旬开始即将大批军队调至山海关一带。9月26日,吴佩孚与曹锟讨论前方战况时,在针对热河战场失利进行调整的同时,又对直军在山海关战场的军事行动再次做了布置,调集其精锐部队第十五师在山海关外的威远城一带布阵,抢占有利地势,修筑堡垒、工事,居高临下,对奉军构成威胁。奉军亦投入劲旅第一、第三军,由郭松龄、张学良组成联军指挥部。奉军经第一次直奉战争后的整顿,改良了装备,提高了素质,尤其张作霖长子张学良在这次奉军的军事改革中脱颖而出,他与郭松龄指挥的第三军与直军可称势均力敌。

发动北京政变的冯玉祥

　　双方形成军事对峙后，从 9 月 17 日开始，即发生多次小规模冲突，而且都调用了多兵种作战。10 月 7 日，张作霖下总攻击令，双方在九门口、石门寨等要隘进行了激烈的战斗，伤亡惨重。10 月 16 日，奉军三次突破直军防线，并在山海关激战，双方付出阵亡逾万人的代价。与此同时，奉军又进攻山海关附近的三道关、二郎庙，对山海关进行包抄；10 月 19 日再增派兵力包围山海关。双方战斗异常惨烈，仅三道关、二郎庙之战，直军伤亡 3 000 余人，奉军伤亡亦达八九百人之多。直军已在山海关战场陷于被动局面。

　　1924 年 10 月 23 日，正值直、奉两军在山海关附近激战、吴佩孚亲自督战接二连三受挫之际,参战的直系讨逆军第三路军总司令冯玉祥与直系援军第二路司令、陕军第一师师长胡景翼及北京警备副司令孙岳倒戈回京。首先派兵接管全城防务,占领了京内外各重要据点和交通、通讯机关,包围了总统府,将贿选总统曹锟囚禁在中南海延庆楼,并强迫曹锟下令前线停战。此即震惊中外的"北京政变"。

第二次直奉战争后由秦皇岛乘舰逃回的直军

第二次直奉战争后在天津东站听候解散的吴佩孚部

173

这场军事政变的主要策划者冯玉祥(1880～1948年),字焕章,原籍安徽巢县,生于河北青县。其父为清末旧军小军官,从小随父在保定长大,16岁入淮军当兵,后转投北洋新建陆军,1909年升为管带。1911年参加滦州起义,事泄被撤职。1912年在其舅父陆建章左路备补军中任营长,后升为警卫军左翼第一团团长、陆军第七师第十四旅旅长,后改任陆军第十六混成旅旅长。1917年参加讨伐张勋复辟,曾因1918年在湖北武穴通电主和而被段祺瑞免职,后经曹锟保荐被派驻常德兼任湘西镇守使。1920年调驻河南,次年入陕西升任第十一师师长、陕西督军。1922年率部参加第一次直奉战争,赶走了赵倜而接任河南督军,同年11月调任陆军检阅使。

冯玉祥倒戈的消息传至前线,直奉战局急转直下。10月24日凌晨,张作霖获悉冯玉祥倒戈后,立即命令奉军各部乘胜猛攻,一举取胜。当日上午,吴佩孚在山海关视察督战,下午1时知内变消息时,直军的陕西暂编第一师师长胡景翼已率部东来,欲截断直军后路;晚6时,奉军向直军开战,吴佩孚首尾难顾,急电调集湖北、江浙、河南等省直军迅速北上,会师讨冯;25日亲率直军第三师和第二十六师余部万余人自秦皇岛经滦州,于26日返抵天津。

吴佩孚抵津后,设临时司令部于新车站,将大部分军队集中于军粮城和杨村,等待增援;但北上援吴的直军在途中先后受阻,吴佩孚的讨冯计划又成泡影。10月31日,京奉路奉军三路进攻山海关直军,直军官兵蜂拥而逃,除主要将领由秦皇岛乘船逃回天津外,大部分被俘,奉军在山海关附近缴获的枪支器材及各种军用物资不计其数。11月2日,冯玉祥的国民军先后和胡景翼所部向杨村步步进逼,并占领杨村、北仓;3日,又追击吴军至天津郊外,将其缴械,并占领天津。同日,奉军攻下芦台,并占领军粮城。吴佩孚在奉军和国民军的夹击之下走投无路,只好率领其嫡系第三师残部2 000余人,溃退塘沽,登"华甲轮"浮海南逃,其余参战直军均被奉、冯两军收降。至此,历时一个半月的第二次直奉战争以奉系取胜而宣告结束。

溥仪出宫

故宫沧桑

故宫是明清两代政治中心的象征,旧称紫禁城。辛亥革命前几百年,它是维系亿万生民的精神支柱。改朝换代后,亦以宫禁谁主浮沉而定。辛亥革命后,虽然清王朝倾覆,但"逊帝"仍留在内廷,继续翻云覆雨地不断卷起政治旋风,而引起遗老遗少们的眷恋和遐思。直至1924年溥仪被逐离开,故宫才开始了为民众所有的新纪元。

北京是辽、金、元、明、清五朝京都,但如今的故宫规模,则营造修缮于明、清。明永乐四年(1406年)明成祖下诏在北平筹建宫殿,十八年(1420年)完成主要建筑。其主要蓝图仿临濠(明中都凤阳)明宫规模,占地72万平方米,围墙高10米,周围护城河宽50米;南北长960米,东西宽760米,呈长方形,中间有长达近2华里的中轴线,若干殿堂、楼阁、亭台等都循此组成。前门是端门,正门是午门,北门名神武门,东称东华门,西称西华门。整个宫城由外朝与内廷组成。外朝在太和门内,在一片开阔的广场后面,在中轴线上,前后排列太和、中和、保和三大殿,左右有文华殿与武英殿;内廷有乾清宫、交泰殿、坤宁宫,直通御花园,在这三宫左右各有三宫,彼此格局相同,即俗称的三宫六院。这一大型宫殿群是封建王朝至尊无上的权力标志。

故宫三大殿之一太和殿

    1911年中国的资产阶级民主革命爆发,次年清室"逊位",
紫禁城的外朝部分为民国政府所有,而内廷部分仍由清朝的末
代皇帝溥仪等一套人马居住,过着一种无发号施令职能,但仍能
称孤道寡的封建小朝廷生活。民谚所说"关门当皇上",是对这
一现象再贴切不过的一种刻画。

    中国历代封建王朝的末代皇帝,结局无不悲惨。远的不说,
就说宋、元、明三朝。北宋的徽、钦二帝,成为金的俘虏,受尽凌
辱;南宋帝昺被元军追杀,大臣陆秀夫负之蹈海而死;元顺帝被
明军追杀,逃亡于大漠;明崇祯帝自缢景山,下场更惨。唯独清
末帝溥仪以童稚之年,未经任何灾难,和平交接,逊位于民国,不
仅仍然能安居故宫内廷,而且还受到种种优待,不能不说是历朝
末代皇帝中的幸运儿。

    1912年2月12日,清廷宣布退位,逊帝在内廷依然保持一
个微型小朝廷,使当时的京城既有在紫禁城内廷的清朝小皇帝,

177

又有在中南海的中华民国大总统,而且这个小朝廷依然称孤道寡,封官赐谥,仍保持帝王气派,与民国政府分庭抗礼。

逊帝在小朝廷中无所事事,大部分时间花在吃喝玩乐上。他的玩法是土洋结合,除传统的骄奢享乐外,还引进若干洋玩意,如辟场地打网球、学弹钢琴、养洋狗、骑自行车、用重价购买玩具和小太监们玩等等;在饮食上非常讲究,甚至超过慈禧当年的排场,平日菜肴两桌,冬天加一桌火锅,还有各种点心、米饭、粥品3桌和咸菜一小桌,一共大小7桌。据一份晚膳的菜单记录有菜肴20余品,蒸食10余种,另外还设有吃西餐的地方;在衣着方面,毫无限制,据一份旧账单所记,逊帝溥仪在某年10月至11月间的一个月内就做了皮袄11件、包袍褂6件、皮紧身2件、棉衣裤和紧身30件,共计50余件。本身工料不说,就算贴边、兜布、子母扣和针线等零星物品,就花费了2100多元。1922年12月,溥仪与婉容大婚,民国政府派步骑兵2000人作为仪仗队,以增声威,婚礼的费用达40万元,如以当时面粉2元一袋的市价计,可购面粉20万袋,足供10万户3口之家一个月的口粮。

小朝廷如此浩繁的消费,又不事生产,民国政府的400万元"优待费"虽数目巨大,但也入不敷出,缺额较多,其唯一的生财之道,只有盗运典卖内廷的珍宝文物。所采用的主要方式:一是将祖宗的珍宝玉册,向中外银行——如汇丰银行、盐业银行等处抵押贷款,这些抵押品往往难以回赎,而流落海内外;二是以赏赐或借用之名,明目张胆地盗运珍品出宫,日后经清室善后委员会查核,公然盗出的文物有千余件之多。随之而来的是,上有好者,下必有甚焉者。逊帝溥仪开了个坏头,于是宗室、大臣、执事人员、侍卫、太监等各色人等都趁火打劫,偷盗之风日炽。

从 1922 年起，社会上不满清室久踞内廷和肆意偷盗的舆论日盛，流传也广，清内廷当然也有所闻，于是更为加紧活动。逊帝溥仪曾授意其亲信伴读等人，以赏赐之名将宫中珍本古籍和名人书画大量运出，据说有七八十个大木箱，后来又通过旧日关系转运天津，成为逊帝日后逃亡天津，6 年多寓公生活挥霍的主要经济来源之一。

这个小朝廷，不单是清室安享尊荣的居所，还是一切与民主共和为敌的复辟思潮与行动的基地。内廷散布流传的复辟言论姑不置论，有些人更幻想将思想付诸实践，恢复他们失去的天堂，其中最著名的事件是"洪宪帝制"与"张勋复辟"。经过这两次重大的政治变故，民众对小朝廷的危害逐渐有所认识，只在等待适当的时机和适当的人物来了结这一时代变革中的遗留问题，又经历了 7 年的苍茫岁月，这个小朝廷终于走到尽头——逊帝溥仪被逐出宫。而这座宫城也由此翻开新的篇章，经过善后委员会人员不辞辛劳的努力，对故宫的珍宝文物进行清点和整理，又冲破种种阻力，筹建故宫博物院，并于 1925 年 10 月 10 日开院，盛况空前，既保留了世界名宫之一的雄姿，又在宫殿中展现了中华瑰宝。至今已过 80 余年，庄严巍峨的故宫仍作为海内外仰慕中华文化而来观赏游览之地，并将永世存在！

溥仪被驱逐出宫

1924 年 10 月 23 日，正值第二次直奉战争，直、奉两军激战于山海关之际，冯玉祥与胡景翼、孙岳联合发动"北京政变"，接管了北京全城防务，囚禁直系总统曹锟。政变成功后，冯玉祥做了一件轰动国内外而又名垂青史的大事——他向当时任摄政的黄郛提出:驱逐溥仪出宫。经内阁讨论,通过修改优待清室条件,并筹组清宫善后委员会,修改后的优待条件是:永远废除宣统尊号,与公民在法律上享有同等权利;政府年补助清室家用50万元;特支200万元开办北京贫民工厂,收集旗籍贫民;溥仪即日出宫,可自由选择住处;一切私产归清室,公产归政府。

驱逐溥仪出宫,由北京警备司令鹿锺麟、警察总监张璧与社会名流代表李石曾执行。11月5日上午9时,鹿锺麟等三人率军警20余人,持黄郛指令,乘车直趋神武门,先将故宫守卫警察缴械;继将清室卫队警察400余人缴械,听候改编;将清室护军统领毓逖监视于军机处;传知宫内文武人员,不得自由行动;随即传见内务府大臣绍英等,限两小时内接受条件,废去尊号,移

张勋复辟时的溥仪

出故宫,点交公私物品。最后溥仪接受条件,即日移居什刹海甘
石桥醇亲王府。苟延13年的小朝廷终于结束,得到广大民众的
欢迎。这不仅连根拔除几千年中国封建帝制的象征,铲除了复
辟的祸根,也完成了辛亥革命的未竟之功。

11月24日,段祺瑞组成执政府的当天,即解除了对溥仪的
监视;28日,又撤除对醇王府的守卫,使溥仪完全处于一种自由
行动的状况下。第二天,他就住进东交民巷的德国医院(今北京
医院),旋即转入日本使馆,一直住到转年的(1925年)2月24
日,那天正是旧历二月初二,俗称龙抬头,溥仪选择这一个"吉
祥"的日子,在日本军国主义者的护庇下,由日本使馆潜往天津
日租界,暂住于大和饭店。

逊帝的噩梦

溥仪到天津后急觅栖身之处,乃由朱汝珍经手,租得了一幢
漂亮的花园洋房——"张园"。房子的主人张彪原任前清陆军
第八镇统制,是镇守武汉的主将,武昌起义时弃军出逃,随日本
兵舰至日本,因这层关系,所以时局平定后又来到天津,以巨资
在日本租界购地建房,遂名之为"张园"。这个在辛亥革命中带
头逃命的将军,如今成了旧日主子的房东。

"张园"位于日本租界的宫岛街(现鞍山道),毗邻日本总领
事馆,使溥仪能在心理上得到被庇护的安全感。他在张园住定
之后,就公开挂出了"清室驻津办事处"的牌子。于是,一大群
濒临绝望的遗老旧臣又蜂拥而至,他们把溥仪出宫称为"皇上
蒙尘",故而张园便成为"皇上"的临时"行在"了。他们拼凑了
庞大的办事机构,遗老、遗少,甚至是遗孙们都被拉来成了办事

181

人员。可笑的是,溥仪还经常在张园发出"谕旨",给活人任命官职,对死者颁赐谥号,而且仍用"宣统"年号计算着早已不存在了的"宣统"十四年、十五年、十六年……张园里的人们照例侍奉"皇上""皇后",溥仪照样唯我独尊,颐指气使。

虽然溥仪表面上维持着"皇帝"的尊严,时时在梦想着倒退回封建王朝的时代,但他却无比贪婪地享受着一切舒适的现代物质文明。

首先是他生活的环境发生了变化。舒适明亮的楼房代替了沉重阴暗的宫室,松软的沙发代替了雕花的木椅,席梦思床代替了又窄又硬的睡炕,冬天室内的暖气代替了令人讨厌的熏炉,还有随时可以使用沐浴设备、干净方便的抽水马桶等等。溥仪对张园如此豪华的陈设仍不满意,又按他的旨意作了一系列更新:所用西式家具从海外按英国国王使用的规格照样订购,所有的房间都铺上名贵的地毯,室内摆设着意大利钢琴,桌上放着新式的收音机、钟表,甚至每一幅窗帘、每一块台布都有种种考究。对溥仪更有吸引力的是时尚的娱乐方式,他可以带上妻子婉容出去吃冷食、逛商场,偶尔去看戏、听音乐,甚至还去天津驻军司令部参加舞会。

溥仪的衣着打扮也开始更新。皇帝的龙袍已经不再适用,长袍马褂也有些过时,随着社交活动的增加,溥仪总要宜时宜事地穿上西式礼服、西式戎装、燕尾服、日本和服及时髦的猎装、运动服等。他平时总爱用进口的发蜡,将头发抹得整齐光亮,身上散发着法国香水的浓郁气味,腕上的手表、口袋里的怀表经常更换。这样的时髦打扮再加上一副近视墨镜,走上街巷可能谁也想不到这是曾穿龙袍、坐龙椅的"宣统皇帝"。

对于传统的宫廷菜肴,溥仪已感到食之无味,张园的御膳房内聘有中西两班厨师,中餐要按照粤、浙、鲁、川几大菜系随时调换,西餐更要具法式、英式、俄式等不同风味,即使如此,溥仪仍常感到难以满足他的胃口,高兴时还要带上婉容到外国人开设的著名餐馆吃上一顿正宗西餐,享受一次异国风情。

溥仪恣意挥霍的经济来源,除民国政府提供的经费以外,其他主要是依靠事先陆续从宫内秘密携带出来的大批古物。从1922年起,他就以赏赐为名,将宫内收藏的珍本古籍、历朝的名人字画等珍贵文物让伴读的溥杰、溥佳一批一批地带出宫去,这些东西后来被装了七八十个大木箱,托昔日旧臣、时任全国税务督办的孙宝琦办了一张免验、免税的护照,偷偷地把这些稀世珍宝运到天津。正是有了这些东西可以做将来生活和出国留洋的经济后盾,溥仪当初才选择天津作为临时居留之所。可见当年蛰居在小朝廷内的溥仪一直在窥测外面政治风云的变幻,并已经预感到民主浪潮对他的威胁,他是早有所准备的,只是不愿承认即将来临的事实罢了。

"张园"生活表面的虚华掩盖着不安的阴影。遗老遗少们匆匆出入,为复辟而密谋策划,因争宠而明争暗斗。郑孝胥、罗振玉、陈宝琛又网罗援引了一大批各色人物充塞"遗老"的行列,使阴谋复辟的气氛更加浓厚。与此同时,驻津日、英、美、法、意等国的领事馆也把溥仪视为猎物,千方百计地与其接近。日本方面尤其主动,每逢重大节庆之日,日本驻军和使馆要员都要亲自登门求见问安。这些现象都使溥仪对复辟力量作了过高的估计,使他终日沉浸在恢复大清基业的幻想之中。

1928年,国民党军阀孙殿英盗挖乾隆和慈禧陵墓的"东陵事件"震动全国,更强烈地震动了"张园"。爱新觉罗氏的子孙和前清的遗老遗少们闻讯后肝肠痛断,义愤填膺,甚至呼天抢地,成群结队地到张园"行在"来祭祀"受辱"的死人。溥仪更认为这是亘古未有的奇耻大辱,是可忍,孰不可忍!他在张园里摆出了乾隆皇帝和慈禧太后的灵位,每日亲自三行跪拜之礼,他捶胸顿足,号啕大哭,声言此仇不报誓不为人。他还有几日席地而眠,似乎真的要学越王勾践卧薪尝胆,以雪旧耻,但事过不久又一切如常了。

张园里的其他人在无可奈何地消磨着前景渺茫的日子,只有溥仪常常表现得烦躁不安,他的情绪随着复辟形势的变化而急骤地波动。经过仔细观察和反复权衡,溥仪终于认定只有投靠日本才能使复辟的梦想得以实现。他在封建遗老的包围下,时而听信了他们的谗言诡计后兴奋起来,跃跃欲试;时而出现了不利形势又灰心丧气,怨天尤人,甚至对他的生身父亲载沣也因其对复辟活动疑虑重重而被认为懦弱无能,懒于与其共商"大计"。所以,他在1929年7月迁入安福系政客陆宗舆的房子后,把原名"乾园"改为"静园",意在"静观变化,静待时机"。1931年夏天,在日本读书的溥杰回国度假,带来了日方的消息,经与驻津日本特务机关联络,策划了出走东北的阴谋。为此,天津日本驻屯军高级参谋土肥原贤二专门导演了一场便衣队武装暴乱。他们通过汉奸、地痞搜罗了一批亡命之徒,发给枪支,每天从日租界出发流窜到居民区骚扰,以此转移中国军警和保安队的注意力。1931年11月10日傍晚,在便衣队的暴乱声中,溥仪被藏在一辆敞篷汽车的后厢里离开了静园。在离大门不远的地方,日本驻屯军的通译官吉田忠太郎已经坐在另一辆汽车上等着,一见溥仪的汽车出了大门,便立即开过来,载有溥仪的这辆汽车每经过路口遇到日本兵阻拦时,后面的吉田一打招呼,便可以立刻通过。汽车顺利到达预定的地点——敷岛料理店。溥仪下车后,早已等候在那里的日本军官立即拿出一套日本军大衣和军帽。经过一番化装以后,溥仪又坐上日军司令部的汽车。汽车飞也似的在白河岸上疾驰,一直开到一个码头才停下来。日军司令部运输部的一艘名叫"比治山丸"的汽船停在岸边。溥仪满怀着复辟大清基业的憧憬,只身踏上了"比治山丸"。至此,溥仪结束了在天津7年的寓公生活,他自投罗网,成为被人唾弃的日本侵华的傀儡。

北洋军阀的覆灭

北京政变后的政局

冯玉祥等人发动的北京政变,给直系军阀以致命打击,使正激烈进行中的第二次直奉战争的形势急转直下,迅速朝着直败奉胜的方向发展。但由于冯玉祥等人发动此次政变的主要目的在于倒吴(佩孚),他们对如何成功倒吴的问题曾反复计议,周密策划,而对政变后的政治、军事善后问题,特别是中央政府的组织建设问题,则缺乏周详考虑,以致政变后突然面临这方面问题时,就显得有些茫然失措,提不出能为有关各方共同接受并足以稳定政局的解决方案。而张作霖的牵制抗衡,段祺瑞的积极插手,又使这一问题的解决平添了不少变数。

1924年10月24日,冯玉祥、胡景翼、孙岳等在北京北苑召开紧急会议,商讨北京政变后的军政善后事宜。会议决定组织中华民国国民军,并推举了国民军总、副司令及各军军长;同时决定立即电请孙中山先生北上,共商大计。在会议召开过程中,冯玉祥等人接到报告,吴佩孚已从前线撤回一部劲旅,正在回攻杨村。考虑到吴佩孚尚有十几万可供驱使的部队,他必然不甘屈服而作最后的挣扎,这样一来,山东督军郑士琦、山西督军阎锡山就成为影响战局的关键人物,而郑、阎均与皖段有联系。为了应付军事上的严重困难,孙岳在会上提议请段祺瑞出山,以示与皖派联络,俾使山东督军郑士琦出兵截阻直系援军北上,以打破目前困难的局面。与会人员一致同意孙岳的提议。10 月 26 日,冯玉祥、胡景翼、孙岳联名致电段祺瑞,请其出山就任国民军大元帅。张作霖自恃实力强大,北京政变后除调遣大批军队入关继续追击直军、抢夺地盘外,在争夺中央政权方面也表现得极为积极。针对冯玉祥等在政变后通电主张暂时维持北京政府现状的情况,张作霖在 10 月 26 日会见记者团时提出反对意见道:"北京政府之收拾,当令段老当之。余将取消东三省之独立,与冯玉祥共辅佐段老。"10 月 30 日,张更是公开通电拥段出山,接着四川、陕西、甘肃等地军阀亦通电表示"一致拥段"。于是,直皖战争后一直蛰居天津的段祺瑞,又因时际会,成了众望所归的时局重心。

其实,段祺瑞自 1920 年直皖战争中战败而移居天津后,并没有真的蛰伏隐居起来,而是利用其北洋前辈地位,不断与各方面进行联系,等待时机,以图东山再起。第二次直奉战争前,段祺瑞加紧活动,与孙中山、张作霖结成反直三角同盟;战争期间,段曾派其亲信陆军部军学司司长贾德耀携其亲笔函去见冯玉祥,称"不赞成内战,并希望冯对贿选有以自处",这对冯玉祥密谋倒直既有探试的性质,也有鼓动的意思。之后,段、冯之间信使往返不断,最终在推倒曹、吴问题上达成协议。冯玉祥请贾德耀转告段祺瑞:"大局糜烂,拟请段芝泉、张敬舆(张绍曾字敬舆)诸位重出,维持大局"。宋子扬亦衔段之命语冯:"检阅使同段督办三造共和,现在乃最须改造之时。若能办到,即为一共和国民于愿已足。"冯玉祥答以:"若团结力量,可以为之。"冯玉祥等发动北京政变后,段祺瑞以为自己东山再起的时机已到,立即加紧了出山前的造势与准备活动。10月25日,段祺瑞在天津寓所会晤某来访的外国人时,不仅表白自己出山的态度,并发表了对收拾时局的看法。10月29日,段祺瑞致电冯玉祥,表示赞成冯的通电内容,但对推举自己任国民军大元帅一事,则不赞一词,实际上已隐示其不在于做一方领袖,而在于入主中枢。

与此同时,吴佩孚正收集残部,集中在天津附近,并借曹锟大总统名义,号令讨奉,要求并罢免冯玉祥职务。而冯玉祥则于10月30日发出讨伐吴佩孚命令,并发起攻击,吴军节节败退至杨村。张作霖也沿辽河南下,向直军发起猛攻,获得山海关战场的胜利。

在直军连连溃退的不利形势下,吴佩孚仍不死心,但紧接着传来的山东、山西两省宣告武装中立的消息,才彻底粉碎了吴佩孚企图固守待援、挽回败局的梦想。11月1日,山东督军郑士琦突然通电宣布武装中立,派兵拆毁了津浦路南段利国驿至韩庄之间铁轨,扣留了由津浦路南下的列车,这就既阻止了江、浙直系军队北上援吴,又断绝了天津吴军的南下退路。11月2日,被囚的曹锟鉴于直军败局已定,乃通电宣告退位,由黄郛等组织摄政内阁,作为过渡。这个摄政内阁主要由冯派人物及国民党(黄郛本人及外交总长兼财政总长王正廷、教育总长易培基均为国民党人)、奉系(内务总长王永江、农商总长王迺斌)三方人员构成,是冯(玉祥)、孙(中山)、张(作霖)三大势力的联合体,但实际上,它是在冯玉祥等卵翼下产生并由冯一手操纵的。在多种政治、军事势力并存并争相染指中央政权,特别是国、奉两大军事集团抗衡争锋的复杂形势下,这种单一政治背景的中央政府,其命运只能是短暂的、过渡性的。

天津会议

吴佩孚既已败退南逃,北方军事亟待收束,局势尤望稳定。此时段祺瑞已受到国、奉双方的共同拥戴,因而俨然以军政当然领袖自居,指令参与北京政变的直隶省长王承斌、天津警务处长杨以德等人,迅速稳定天津秩序,限日恢复交通,收容溃兵及其枪械。他还在天津本宅设立秘书、外事、财政、庶务四处,分由姚震、孙宝琦、曹汝霖、李思浩四位亲信主持,以"接洽国事"。

11月4日,段祺瑞又就战后的政治善后问题发表通电,号召各省及有关方面直截了当地提出有益见解,以"共挽时艰",这就向外界显示了段祺瑞已由在野之身一变为政局中的主政者。不少督军及省长对此心领神会,立即作出了积极反应,纷纷发表通电建言献策,而主旨则无一例外地主张拥戴段祺瑞出山主政。截至11月6日,各省疆吏致电拥戴段祺瑞出山者,已有直隶、广东、广西、江西、湖南、湖北、安徽、山东、山西、奉天、吉林、黑龙江、热河、绥远、察哈尔、陕西、四川、云南、贵州、新疆、甘肃等二十一省区之多,其后河南、江苏、浙江、福建,亦次第敦促,异口同声,全国一致。这些地方实力派的一则则拥戴通电,犹如一出戏中主角出场前的催场锣鼓,催促着已俨然成为政局中主要角色的段祺瑞登台亮相。但段心里很清楚,自己要想实现东山再起的夙愿,还必须获得国、奉两大势力的首脑冯玉祥与张作霖的支持。为此,段祺瑞于11月初曾几次致电冯、张两人,敦请他们即速来津,以便会商国事。11月10日,冯玉祥抵达天津。同日,张作霖以胜利者的姿态,威风凛凛地从滦州乘火车至津,下榻曹家花园。此前奉军两个师已先行到津驻扎,冯玉祥因奉系在北京

189

政变前曾向他允诺不向关内进兵,故对此大不以为然。11 月 11 日,段祺瑞宴请冯玉祥、张作霖。席间,在段祺瑞首先致辞后,张作霖发言公开对冯玉祥表示轻视,而且未等宴会终席便借故离去,宴会遂不欢而散。饭后,段祺瑞竟又力邀冯玉祥一起去拜会张作霖。这些显然都是张作霖的作派,其意是向冯玉祥示威,目的是为了在随后的三方会议中联合段祺瑞,孤立冯玉祥。

面对北方直军全线溃败的不利处境,直系各省督军齐谋自保。江苏督军齐燮元发起组织苏、皖、赣、浙、闽、陕、豫、川、湘、鄂十省大同盟,在南京成立同盟总部,作为联合自卫的一种手段。眼看国、奉双方同时拥段出山,段祺瑞不久就要上台,于是直系各省督军也纷纷通电表示拥段,图谋借重段祺瑞的声望来抵制国民军和奉军的联合进攻。

11 月 12 日,段祺瑞、冯玉祥、张作霖在天津开会。张作霖主张继续进兵,彻底铲除直系残余势力,进而实现由奉系控制全国的局面。段祺瑞则欲将直系收归己用,借以确立其在北洋系唯一最高领袖的地位,因此不同意张作霖的主张,而力主用政治手段解决江、浙等省。此时的段祺瑞早已对他过去所鼓吹的"武力统一"失去信心,所以坚决反对张作霖提出的以武力统一长江流域的主张。张作霖既与冯玉祥有隙,便不想再开罪段祺瑞,以免树敌过多,只得尊重段的意见。于是,会议作出决定:(1)国民军沿京汉线向河南发展,奉系在津浦线进至德州为止;(2)对东南不用兵;(3)对吴佩孚准其和平下野,不下通缉命令;(4)召集全国善后会议,讨论组织政府和一切善后问题。虽然国、奉关系仍形紧张,但因直系各省督军在 11 月 13 日发出的针对北京摄政内阁的通电,终于使冯、张没有最终决裂,他们再次握手言和,转而对付共同的敌人——直系各省督军。11 月 14

冯玉祥(左二)、张作霖(左三)、段祺瑞(左四)等天津会议时合影

日,段祺瑞、冯玉祥、张作霖继续在天津会议,讨论三小时之久,议决"公推合肥以中华民国临时执政名义,统率一切"。

11月15日,张作霖、冯玉祥、卢永祥、胡景翼、孙岳等联名通电,推戴段祺瑞为中华民国临时执政,直系各省督军也联名通电拥段。段祺瑞、冯玉祥、张作霖三巨头在天津会议上经过十多天的讨价还价,终于在拥段出山主政及国、奉间地盘划分等问题上达成了妥协。段祺瑞如愿以偿地实现了东山再起的夙愿。张作霖此次率奉军入关,原"欲乘战胜余威,扩充地盘,伸张实力",故于会议时曾提出对直系继续作战计划,"由国民军担任京汉线,奉军担任津浦线,同时向南进展",这一提议因遭到冯玉祥的反对而搁浅后,张又提出了欲将热河收归己有的要求。会商结果,决定将原热河都统米振标调任河南军务帮办,改任奉系将领阚朝玺为热河都统。张作霖如愿以偿,天津会议遂告结束。不难看出,冯

191

玉祥在天津会议上对段祺瑞、张作霖作了较大让步,其刷新政局的抱负在无可奈何的政治现实面前化为泡影、黯然消失了。

段祺瑞出任临时执政

1924 年 11 月 22 日,段祺瑞乘专车从天津抵达北京。24 日上午,在铁狮子胡同临时执政府办公处(前陆军部旧址)举行就职典礼,段祺瑞宣誓就职,并以临时执政名义宣布"所有从前行政司法各法令,除与临时政府制抵触或有明令废止者外,均仍其旧";"所有京外文武官员,均仍旧供职,共济时艰";其本人则"勉矢公诚,求孚民意,刷新政治,整饬纲纪",希望官吏士民"协力同心,共臻治理"。同时公布了《中华民国临时政府制》六条,具体内容如下:

第一条　中华民国临时政府以临时执政总揽军民政务,统率海陆军。

第二条　临时执政对于外国,为中华民国之代表。

第三条　临时政府设置国务员赞襄临时执政处理国务,临时政府之命令及关于国务之文书,由国务员副署。

第四条　临时执政命国务员分长外交、内务、财政、陆军、海军、司法、教育、农商、交通各部。

第五条　临时执政召集国务员开国务会议。

第六条　本制自公布之日施行,俟正式政府成立,即行废止。

从制度上看,执政的职权相当大,即以国家元首的身份兼为行政首长,又不受什么民意机关的制约,但这时的段祺瑞已不像从前,他既不敢招惹虎视眈眈的奉张,也不敢得罪拥兵近在咫尺的冯玉祥。在各方实力派的钳制下,段祺瑞只是一个维持着中央政府局面的空头首脑。

国、奉双方在第二次直奉战争后的利益分配上取得了暂时的平衡,但它们之间的矛盾并未缓和。11月24日,也即段祺瑞入京就任临时执政的当天,张作霖以与段面商大计为名入京,并调动军队,逼临京畿。面对奉系军阀咄咄逼人的态势,冯玉祥采取了以退为进的策略,于当天通电宣布下野,解除兵柄,从而使奉系无词再弄兵京畿,对国民军苦苦相逼。这样一来反陷奉张于被动,使张作霖一方面唯恐再对国民军临以兵威会背上穷兵黩武、破坏和平的骂名,成为众矢之的;另一方面是不想让冯玉祥独擅"纯为国家人民谋和平"的美名,因此也急忙做起急流勇退的表面文章,于12月5日发表通电,宣布自即日起"自行解除东三省巡阅使之职"。

冯、张两人争相辞职,反而使段祺瑞大为恐慌。因为他的执政府一旦失去国、奉两大势力的支撑,就会成为空中楼阁,即可崩塌。为了稳定政局,段祺瑞在对冯、张两人力加劝慰挽留的同时,又煞费苦心地以分配地盘来调和国、奉矛盾,决定自津浦沿线一带以至长江下游地区,主要为张作霖的范围,所以任命李景林为直隶督办,张宗昌为苏、皖、鲁三省剿匪总司令;而以京绥线及京汉线方面给冯玉祥,所以任命孙岳为豫、陕、甘三省剿匪司令,胡景翼为河南督办军务善后事宜,张之江为察哈尔都统,李鸣钟为绥远都统,并特任冯玉祥为西北屯垦督办。在段祺瑞的"公平"调停下,国、奉矛盾暂时得到缓和,北方政局出现了相安一时的局面。

"善后会议"的召开和奉、直、国军阀混战

第二次直奉战争以后,奉系军阀势力增大,得到把势力深入关内的机会;新起的国民军势力,分享了一部分胜利果实;皖系军阀段祺瑞乘机再起,攫得北京政府"临时执政"的名号,在奉、国军阀(以后北京主要是国民军势力)卵翼下重新把持政权。

当时,在北方有奉系、皖系、国民军系三种势力;在南方,长江流域是直系势力;在广东的则是孙中山所领导下的革命势力。北方军阀都曾怀着不同的动机,想与孙中山"合作":国民军系的冯玉祥倾向革命,想邀请孙中山北上以助长自己的声威。奉张和皖段则一方面因广州政府在国民党改组后,已提出了中国革命的方向,逐渐成为人民群众所团聚的中心而感到障碍;另一方面又想借此软化孙中山和骗取人民的相信,因此也赞成邀孙中山入京。1924 年 11 月,在中国共产党的帮助和支持之下,孙中山为着"共筹统一建设之方略"离粤北上。他在沿途所发表的政见和宣言,都反映出他这时的思想认识已经在实践教训中勇猛地迈进了一步。他不仅认识到军阀本无二致的性质,还进一步指出军阀所依存的帝国主义,更认识到民力可用。因此,孙中山提出了废除不平等条约,以反对帝国主义和召开国民会议以反对军阀统治的政治主张。孙中山的政治主张,得到各地民众的拥护与响应,北京、上海等处都曾出现"反帝国主义大同盟"的组织,国内政治空气为之一变。但以北洋军阀为代表的政治势力不但对孙中山抱着敌对的态度,而且由段祺瑞出面主持召开所谓"善后会议",以对抗孙中山的召开国民会议的政治主张。

"善后会议"是段祺瑞在第二次直奉战争后出任执政时的

一套政治把戏。1924年11月24日，段祺瑞执政后，就命令他的党羽临时法制院院长姚震草拟《善后会议条例》，并经讨论修改，在12月20日提交国务会议通过，24日公布。《善后会议条例》共13条，在第一条宗旨中就把这次会议的目的说成是"解决时局纠纷，筹备建设方案"。1925年1月29日，段祺瑞致电孙中山，对孙中山召开国民会议的主张提出了抵制的理由；接着，又在2月1日所发表的《建设宣言》中公开表露了这次"善后会议"反对国民的性质。"善后会议"却得到北方军阀的赞助，而且也蒙蔽了一些向往和平统一的人们，连当时已倾向于革命的国民军领袖冯玉祥，也称道这次"善后会议"说："国民代表会议者，民意宪法之母，而善后会议者，又国民代表会议之母。"

当时，中国共产党及时地指出了"善后会议"的反动实质。在1925年1月22日发表的《中国共产党第四次全国代表大会宣言》中，揭露了皖系军阀段祺瑞在当时召开的"善后会议"，乃"是要用军阀制度而借着帝国主义的帮助，以统治中国人民的工具"，号召"全中国劳动群众，起来制止段氏这种恶劣计划"；同时号召"工人和农民，手工业者和知识阶级，来巩固自己的组织，并极力赞助国民会议促成会，要求国民会议之召集"；更进一步分析了当时的形势是"革命的力量在我们国家中日长一日，军阀和帝国主义者的锁链已经开始动摇"，以鼓舞全国人民打倒军阀的斗志。宣言还明确指出，中国共产党把使中国人民脱离帝国主义和军阀压迫视为党的唯一职责。

段祺瑞在《善后会议条例》公布以后，即不顾一切地着手准备召开会议，12月30日更依照《条例》的规定，通电各方，定于1925年2月1日在北京开会。孙中山在31日曾抱病由津赴京，向段祺瑞提出参加会议的团体和国民会议对"善后会议"讨论的各种问题有最后决定权的条件。段祺瑞对于这些条件,采取了敷衍的态度,因此孙中山拒绝参加"善后会议"。1月30日,国民党正式通过了不参加会议的决议。孙中山为对抗这次"善后会议",于1925年3月与共产党人李大钊在北京召开了"国民会议促进会全国代表大会"。这次会议在反对"善后会议"、传播革命思想、引导人民群众参加政治活动等方面,都产生了很大的影响。

1925年3月12日,伟大的民主主义者孙中山先生在北京逝世。革命群众在哀悼孙中山的过程中,受到了革命思想和主张的洗礼。孙中山的一生,是在实践过程中不断进步,并在一定时期时突破了某些局限,发生了勇敢的转变,使他成为后世所景仰的人物。

"善后会议"从2月13日正式开会到4月21日闭幕止,除开了22次大会、7次座谈会和制订了3个不关痛痒的条例以外,没有起任何实际的作用。段祺瑞政府虽然还妄想运用这套政治把戏,玩弄制宪等新花样,但是军阀之间已经是战云密布、风雨欲来的局势,再也没有什么人来关注这种无谓的把戏了。

这一时期,军阀内部仍在不断爆发战争,不断分裂。原来与奉系合作倒直的国民军,因奉系势力日益扩充,屡受排挤,同时又受到革命势力高涨的影响而逐渐倾向革命,成为与民众接近的武装力量。1925年下半年,南方的江苏、上海方面发生了战争,浙江的直系军阀孙传芳,自称浙、闽、皖、赣、苏五省联军总司令,分兵进攻奉系军阀。10月16日,孙传芳从奉军手中占取上海后,得到皖、鄂、赣、苏各地直系军人的响应。在江苏的奉军,陆续向北撤退,到徐州与张宗昌部会合。21日,吴佩孚乘有利局势,图谋再起,在汉口通电自称受14省拥戴,任讨贼联军总司令,拟由河南进攻徐州,与孙传芳会师,被孙传芳婉言谢却。11

月上旬,孙传芳占领徐州,并与在河南国民军系的岳维峻取得共同攻奉的不真诚"协议"后,即返浙。奉、浙战事暂告结束。不久,北方又发生奉系军阀郭松龄联合国民军倒奉的战争。国民军自第二次直奉战争后,屡受奉军的压迫,奉军不仅夺取了国民军原有的若干防地,并在国民军主力——国民军第一军所驻京畿附近地区之外围,构成一个奉军的包围形势:由张宗昌驻徐州、蚌埠扼津浦路;由李景林驻保定、大名一带,以断绝京畿国民军与驻在河南国民军之间的联系;由姜登选驻天津、沧州间,郭松龄驻滦州、山海关一带,直接防制京畿国民军。国民军在这种形势之下,感到很大的威胁,虽然经段祺瑞的"调解",奉方作了某些让步,但只是一些表面的妥协,双方紧张关系并未能立刻松弛。这时奉系军阀内部也有分裂的因素在滋长,奉系军阀郭松龄在第二次直奉战争后,并未能得到理想的地盘,且与奉系其他军阀也多不洽,因此,对张作霖甚表不满。国民军即拟与郭松龄结合倒奉,以削弱奉系势力,减轻自己的压力。郭松龄与国民军在这种情形下结合在一起,订立密约,联合倒奉。11 月 22 日,郭首发通电,请张作霖下野;次日,即由滦州进攻东北,声势甚盛;国民军也乘机攻取热河;直隶军阀李景林则宣布保境安民,以坐观成败。郭军进军顺利,奉系军阀的根基发生动摇。支持奉系军阀的日本帝国主义感到时机危迫,乃正式出面,直接干涉,助奉张进攻郭军。11 月 23 日,郭军失败,奉军据点重新得到巩固。郭松龄与国民军联合倒奉的战争以失败而告终,然而国民军却乘机驱走在直隶的李景林,而取得了直省的地盘。

不论是人民反军阀运动的日益广泛还是军阀内部的不断分裂,都于军阀统治的巩固不利,也于各列强的在华利益不利。他们不能不在这种情况面前警觉起来,以应付危局。因此,在"反赤"的口号下,直、奉两大军阀系统又纠集在一起,共同反对人民革命,继续维持专制统治。这就出现了1926年初开始的直、奉军阀的反革命"联合"。

直、奉系军阀的反革命"联合"

帝国主义有时需要分别豢养一个工具,以争夺对中国的独占地位;有时又需要把这些工具联合起来,以一致进攻中国人民和扑灭倾向于革命的敌对势力,其目的都是为了建立和巩固它们在中国的统治。1926年初,直、奉军阀的反革命"联合"便属于后一类。

直、奉军阀在英日帝国主义撮合下"联合"后,首先进攻北方倾向于革命的国民军武装。帝国主义在这一次进攻中,给予军阀势力以极大的支持。英、日事先在北京为直、奉军阀制订了进攻国民军的作战计划,日本则在直、奉军阀的军队中(奉军张作霖、张宗昌等部,直军靳云鹗部)派驻了军事顾问和技术人员。此外日方既供给奉系军阀军械军需,又通过奉系军阀对直系军阀作财政上的资助;英方还供给直系军阀吴佩孚15 000支枪支。可见西方列强为直、奉军阀进攻国民军打下了优厚的物质基础。

1926年初,直、奉军阀联合进攻国民军的战事开始,国民军处在四面楚歌的包围形势之中。当时进攻国民军的,主要有以下这些以直、奉军阀为主的军阀势力:

东北方面,是张作霖的奉军,在与直吴取得谅解后,即以进攻郭松龄残部魏益三(当时已改编为国民军第四军,驻山海关附近)为名,向关内进攻。

山东方面,原有属于奉系的张宗昌的鲁军。1926年初,在天津被国民军击败的李景林率残部到山东后,即与张宗昌会合组成直、鲁联军,向直隶国民军进攻。另有直系军阀靳云鹗,利用阴谋在河南国民军内招集一批旧直系军队,也到山东与张宗昌订立协议,然后又由山东进攻河南国民军。

湖北方面,直系军阀于1926年1月下旬派寇英杰进攻河南。

山西方面,晋系军阀阎锡山与吴佩孚勾结,阻隔国民军河南与直隶间的联络。

在国民军所占地区已经受到直、奉、晋各系军阀的包围而处处受敌的情况下,1926年2、3月间,直系军阀相继攻占开封、郑州,并向北进抵石家庄,河南国民军全部溃败;奉系军阀的直、鲁联军也突破马石逼临天津,直隶京畿形势危殆。

帝国主义这时公开出面干涉,企图压迫国民军从京津地区撤出。日本军舰公然开抵大沽口助战,向岸上的国民军开炮轰击,进而联合英、法、美等8个辛丑条约缔结国,根据辛丑条约规定,向北京政府提出最后通牒,威逼国民军撤退;并限3月18日得到解决,否则"关系各国当局,决采所认为必要之手段",尤为恶毒的是,指使在北京的皖系军阀段祺瑞屠杀反对帝国主义干涉行动的北京爱国群众,制造了"三·一八"事件。

这样,国民军在帝国主义和奉、直、晋军阀的联合攻击下最终失败,退到了西北地区。

直、奉军阀对国民军的战争,与过去的军阀战争一样,给人民带来了极大的危害。例如直系军阀寇英杰在进攻河南信阳时,曾掳掠比军队数目多两倍的农民,每次作战,一士兵即挟二农民在身前作屏障之物;军队每到一地,即散入民居,夺民食用之物;在郑州时,曾到处劫掳商民财物等等。这些暴行曾引起当地民众的极大愤恨。直、奉军阀与国民军战争的结果,是直、奉军阀夺取了政权,扩张了势力,人民则在战争中牺牲了无数的生命财产。

当直、奉军阀势力逐渐逼近北京时,段祺瑞手下的皖系政客又想进行一次政治投机,他们在北京策划倒国民军的阴谋活动。1926年4月9日,这个阴谋败露,当即由驻北京的国民军鹿钟麟部率兵包围了执政府,段祺瑞及皖系政客均逃入东交民巷。15日,国民军退出北京,段祺瑞再出,并与在天津的奉系军阀张学良通款,企图继续“执政”的傀儡地位;19日更派人去津迎张,被拒。同时,直系军阀吴佩孚与段祺瑞结有夙怨,也表示反段之意。20日,段祺瑞不得不通电下野,由京去津,皖系军阀在北京政府中的势力至此告终。

国民军退出北京,皖系军阀结束在北京政府中的势力后,直、奉军阀为争夺中央统治权而再度闹翻,最终还是依恃帝国主义的“协调”,在反共反人民的共同目标下“团结”起来,组成由直、奉军阀势力控制的“北京政府”。这个北京政府,既不由奉系军阀,也不由直系军阀直接出面来担任首脑,而出现一个形式上的摄政内阁,由颜惠庆、杜锡等相继代行政务。这个时期,北京政府再没有“大总统”“执政”一类名称的人物了。

1926年6月28日,直吴、奉张又在北京会晤,在帝国主义主使下,面商反革命计划,确定了直、奉军阀的分工合作:吴佩孚进攻南方革命势力,张作霖进攻北方革命势力。在这以后,虽然直、奉军阀之间不断发生争执,各自内部不断出现分裂,但他们的反革命方针一直不变。中国的中部和北部地区,就处在这种反革命“联合”的统治之下。这里值得注意的是,这种反革命“联合”,并不等于军阀反革命势力的加强,而是表征着这一派和那一派的军阀势力正在衰弱下去。他们已经没有单独的力量来对付革命势力,因此需要联合起来对付蓬勃发展的人民革命浪潮,以挽救自己的命运,但这只是一种徒劳无功的妄想而已!

在直、奉军阀联合向南北革命势力发动进攻,并在北方地区连连重创冯玉祥国民军的严峻形势下,南方的广州国民政府决定出师北伐。1926 年 7 月 9 日,以蒋介石为总司令的国民革命军在广州举行誓师典礼,北伐战争正式开始。这次战争,是在全国人民反对帝国主义和封建军阀的革命运动的推动下所发动的旨在推翻帝国主义与北洋军阀统治的革命战争,也是国共两党携手合作的革命统一战线与帝国主义支持下的北洋各派军阀反革命联合阵营之间一场殊死较量。

当时,北洋军阀的势力主要有三支:一是直系吴佩孚,盘踞在湖南、湖北、河南及直隶南部、陕西东部等地,控制着京汉铁路,拥有 20 万军队;一是原属直系后自成一派的孙传芳,占据着江苏、安徽、浙江、福建、江西五省及上海广大地区,控制着长江下游和津浦铁路南段,拥有 20 万军队;一是奉系张作霖,占据东北三省和关内的北京、天津、直隶及山东的一部,控制着京奉路与津浦、京汉路北段,拥有 35 万军队。根据敌我力量的对比,特别是各军阀势力对广东威胁的大小,广州国民政府采纳了苏联军事顾问加伦将军的建议,决定利用敌人内部矛盾,采取集中兵力、各个击破的战略方针:首先以主力攻取两湖,消灭"实为当前之劲敌"的吴佩孚,占领长江中游,控制南北交通要道;而后再进兵东南各省,消灭孙传芳,占有长江下游富庶之区;最后相机讨伐张作霖。

北伐胜利的进军,连续地打击了吴佩孚、孙传芳的直系军阀势力,1927 年 6 月,直系军阀的主力被消灭了。奉系军阀在直系势力被北伐军打击得岌岌可危的时候,更日益加紧其反动的统治。1927 年 4 月 6 日,奉系军阀张作霖为进一步进行"反赤"活

分
说

动,公然命令北京警厅会同奉军宪兵突入东交民巷使馆区,包围苏联驻华使馆,搜查远东银行和中东办事处,并逮捕了在使馆避难的共产党人李大钊等60余人,不久即将李大钊等19人秘密杀害。在直系势力被消灭后,张作霖迫不及待地于6月18日在北京组织了"安国军政府",自称"中华民国陆海军大元帅",宣称"代表中华民国行使统治权",实则实行反革命的军事专政,但他可能没有料到,即将面临的是国民革命军的全面进攻。

张作霖被炸与东北"易帜"

1928年2月,国民革命军在徐州召开军事会议,会商北伐大计,把国民党各军编成四个集团军,继续北伐。4月7日,蒋介石以国民革命军总司令名义下达总攻击令,一路推进顺利。5月28日,各路北伐军奉命发起总攻,接着,又颁发各军追击令,各军随即分路追击:第一集团军由津浦路前进;第二集团军由任丘、文安、雄县、霸县前进;第三集团军由京汉路前进,以排山倒海之势,压向北京、天津。

在奉军连连失利的情况下,张作霖原是想借助于日本的支持放手一搏,以维持其摇摇欲坠的统治。但让他大为失望和难以接受的是,日本方面不但声明对交战双方"力持严正中立之态度",拒绝给他以单方面的必要支持,而且还强令他不作任何抵抗,将北京拱手让予南方,并施以种种恫吓。特别是,他认为东北是他张作霖的天下,何时回撤,应该由他自己决定,无须他人置喙。因此,当5月17日晚日本公使芳泽奉命前去做他的工作时,他对日本方面表示了极大的不满与愤慨,并"严词拒绝其请"。在日本向南北双方致送《警告书》后,他又命北京政府外交部于 5 月 25 日发表书面声明,对日本粗暴践踏中国主权、干涉中国内政的行径提出严重抗议,表示"断难承认日本觉书所称之'适当有效措置'"。但张作霖也清楚自己无力挽回败局,因此,在与日本斗气而苦苦支撑了一些时日后,不得不于 6 月 2 日发表《出关通电》,令奉军向关外撤退(其实在此之前奉军就已经陆续往关外方向撤退)。他自己也于次日凌晨 1 时左右,偕国务总理潘复、参谋长于国翰、日籍顾问嵯峨诚也等人,乘坐专列离开北京,前往奉天。

在张作霖为"出关"问题而与日本争持的过程中,一场直接针对他的政治谋杀正在悄悄向他逼近。策划并主持这一谋杀计划的是日本关东军司令官村冈长太郎及关东军高级参谋河本大作等人。河本一开始选择了新民府境内的巨流河铁桥为炸车地点,但因该处奉军警戒森严,难以下手,嗣经河本亲自侦察,最后选定了皇姑屯以东约 1 000 米处的京奉铁路与南满铁路交叉点(南满路从横跨京奉路的钢架桥上通过)作为炸车地点。河本与负责守备皇姑屯地段的关东军独立守备军四中队长东宫铁男等人一起,在铁路交叉点埋置了由电控开关控制引爆的 30 麻袋黄色炸药,又在交叉点北面装置了两个脱轨器,并在附近埋伏了一排敢死队,布下所谓的"必死之阵"。至 5 月 28 日,一切准备就绪,就等张作霖专列的到来。为了准确侦知张作霖的行动及列车的编组、运行情况,河本还与北京的竹下义晴、建川美次及京奉铁路沿线的谍报人员取得联系,要他们随时报告有关情况,以保证暗杀行动万无一失。

6 月 3 日凌晨 1 时左右,张作霖乘汽车离开帅府,在正阳门车站登上了开往奉天的专列。随行人员除帅府有关人员和卫队外,还有莫德惠、何丰林、张景惠及张作霖的六姨太马月卿、三公

张作霖皇姑屯被炸现场

子张学曾、日籍顾问嵯峨诚也等人（国务总理潘复和日籍顾问
町野武马伴行至天津下车）。当天下午 4 时许，专车抵达山海
关，已先期由沈阳赶来迎接的吴俊陞登车同行。翌日晨 5 时 30
分左右，正当张作霖所乘坐的蓝色钢甲车厢通过京奉、南满两铁
路交叉点时，关东军东宫铁男大尉在交叉点南面 500 米处的瞭
望台上引爆了炸药。霎时间，随着轰然一声巨响，张作霖的车厢
被炸得粉碎，其他车厢则被炸起火，颠倾在铁路旁；交叉点上的
南满铁路钢架桥也被炸毁，全桥塌下。与张作霖同在一列车厢
的吴俊陞被当场炸死，张作霖的六姨太马氏、日籍顾问嵯峨诚也
等人均被炸伤，张作霖则被炸成重伤，倒在血泊中。奉天宪兵司
令齐恩铭急忙用汽车将张作霖送往督署，进行抢救。但由于伤
势过重，张被送至督署后不久（当天上午 10 时左右）即告身亡。
曾几何时还是呼风唤雨、不可一世的"张大帅"，转眼间成了日本关东军暗杀阴谋的牺牲品,这既有些出人意料,让人震惊错愕,又似在日、奉关系发展演变的历史情理之中。可以说,张作霖的被暗杀,既是他个人的人生悲剧,更是半殖民地中国无法逃避或者说必须承受的种种不测与灾难中的一例标本。

日本关东军在皇姑屯炸毁张作霖的专车后,为掩盖事实真相,将事先抓来的两名中国流浪汉装扮成所谓的"南方便衣队"杀害后,扔在了案发现场(当时共抓来三人,其中一人脱逃),以造成是革命党人制造了这起爆炸案的假象。与此同时,他们又在奉天制造了一系列事端,如指使日本浪人接连向沈阳的日本人居住区投掷炸弹等,以图进一步扩大事态,从而为日本出兵占领奉天乃至整个东北制造借口。但由于日本统治集团内部在出兵问题上意见不尽一致,特别是张学良等人处变不惊,很冷静地处理了善后事宜。因此,关东军企图通过暗杀张作霖来激发一场大的事变,进而出兵占领东北的侵略计划终于落空。

6月4日当天,张学良接到其父已在皇姑屯遇难,请其速回奉处理善后的密电后,即与杨宇霆一起,率第三、四方面军团部人员离开北京,撤至冀东、滦州一带。18日,张学良乔装成伙夫,乘火车由京奉线秘密回到沈阳。当天,他即发表了就任奉天督办的声明;7月4日,经东三省议会联合会的推荐,宣布就任东三省保安总司令。

张学良临危受命,接掌东北统治大权后,立即在东北"自治"或"易帜"这一关乎整个东三省命运及其自身政治前途的关键性问题上作出了历史性的抉择。7月1日,张学良致电蒋介石、冯玉祥、阎锡山、谭延闿等南京政府军政要人,对他们提出的以政治手段达成南北统一的建议作出了积极回应,明确表示:"学良爱乡爱国,不敢后人,决无妨害统一之意。"同时派邢士廉等几名代表前往北京,与蒋介石、阎锡山等人具体商议南北和平统一的有关事宜。10 日,蒋介石在北京香山碧云寺行营会见了邢士廉等人,并发表关于东三省问题的声明,促使东三省尽快"易帜",实行三民主义。于是,"南北妥协已呈急遽进展状态"。

日本见张学良对南京政府的态度发生了变化,立即采取各种手段向他施加压力,企图阻止南北统一的实现。7 月 16 日,日本驻奉天总领事林久治郎拜访张学良,向他提出了警告;19 日,又再次提出警告,竭力劝阻他与南方妥协合作。张学良则表示一切依民意而决,态度异常坚决。8 月 8 日,即在举行张作霖葬礼后的次日,双方又有会谈,日方态度蛮横,其无理要求遭到张学良的拒绝。但为缓和形势,奉方允将"易帜"时间延缓三个月,同时,又借日本天皇加冕典礼的机会派莫德惠赴日,就"易帜"问题进行了专门会谈,日方才作了"易帜"问题是中国内政问题的表态。易帜时机完全成熟。

12 月 29 日,张学良、张作相、万福麟、翟文选、常荫槐联名通电全国,宣布东三省及热河"易帜",并于即日起"遵守三民主义,服从国民政府,改易旗帜"。当天,在奉天省署礼堂举行东北"易帜"宣誓典礼,国民政府代表方本仁监督。31 日,国民政府特任张学良为东北边防军司令长官,张作相、万福麟为副司令长官;同时任命奉天、吉林、黑龙江、热河四省政府委员,并指定翟文选、张作相、常荫槐、汤玉麟分任奉、吉、黑、热四省省政府主席。

东北"易帜"的实现,标志了蒋介石南京政府最终完成了对全国的统一(尽管只是暂时的和形式上的),同时也宣告了中国近现代史上一个历史时期即北洋军阀统治时期的结束。随着奉系军阀这一北洋军阀集团的重要派系和后期代表通过"易帜"而变为东北系国民党新军阀,在中国近现代历史舞台上活跃了 32 年之久的北洋军阀终于彻底覆灭。

附录

戊戌以后三十年中国政治史　李剑农撰,中华书局 1965 年 7 月出版。

该书原名《最近三十年中国政治史》,1930 年上海太平洋书店初版,1965 年经作者修改,由中华书局重排出版,并更名为《戊戌以后三十年中国政治史》。本书对戊戌后三十年间中国封建统治阶级和北洋军阀之间的矛盾倾轧、争斗角逐及其祸国罪行,作了比较系统、详细的记述。尤其重要的是,该书系统记述了北洋军阀的兴亡历程,提供了很多极具价值的材料,为研究北洋军阀史的必备参考书。但该书对涉及的历史人物有很多略去其名,而且作者引用的材料均未标明出处,所以参考该书时,应注意分辨,慎重判断。

晚清兵志(六卷)　罗尔纲著,中华书局 1997 年出版。

近代中国陆军兵制的变革,开端于清咸丰二年(1852 年)湘军的兴起,而成于清光绪三十年(1904 年)练兵处颁布陆军制度。这期间中国陆军的演变,又经历了湘军时期、淮军时期、甲癸练兵时期、陆军成立时期四个阶段。关于湘军时期的兵制,作者已撰有《湘军新志》(后修订改称为《湘军兵志》)一书记其事。本书则分《淮军志》《海军志》《甲癸练兵志》《陆军志》《军事教育志》《兵工厂志》六卷,对其他三个时期即从 1862 年至 1911 年间的兵制演变情况及制度内容作了系统而深入的研究,基本上理清了晚清军事制度特别是北洋军阀建军历史的脉络。

北洋军阀史话 丁中江著,台湾远景出版社1964年初版,
中国友谊出版公司1992年首次在大陆出版。

全书共二百余万字,上起袁世凯小站练兵,下迄张学良东北
易帜,涵盖了北洋军阀形成、发展、覆灭的整个历史过程及其统
治时期的大小历史事件,取材广泛,叙事翔实,既有严肃的史事
论述,也有生动的人物描写以及民国政坛内幕的披露,对研究北
洋军阀史有一定参考价值。书中引录了大量奏疏、令文、电稿等
原始材料,但因未注明出处,有些已难以查考;同时本书因系史
话性质,有些内容带有明显的演绎成分,这是使用本书时所当注
意的。

北洋军阀统治时期史话 陶菊隐著,三联书店1957年初
版,1985年第二版。

此书为第一部系统、全面、详细、专门记载北洋军阀统治时
期历史的史书。作者在广泛搜求材料的基础上,对北洋军阀自
1912年掌权至1928年覆灭的历史作了详尽叙述,因而成为研究
北洋军阀史的必读之书。不过由于该书属史话体,遂不为一般
治史者所重,而仅作参考之用。

北洋派之起源及其崩溃 吴虬著,海天出版社1937年
出版。

该书简单记述了北洋军阀从兴起到衰亡的全过程,其中着
重记载了北洋军阀内部的矛盾和斗争。作者多年从事记者工
作,耳闻目睹北洋军阀的混战、争斗,并与政界人物多有往来,因
而其所记有所据,有一定参考价值。

军阀政治(《中国现代史论集》第五辑) 张玉法主编,台湾
联经出版事业公司1983年2月出版。

本辑选录了 1916 至 1928 年间有关军阀政治的论述,共选论文 22 篇,分为一般解释、历史叙述、军阀政治、军阀派系、联省自治五部分,其内容涉及军阀的派系、军阀人物和军阀的对外关系等多方面。由于大陆学术界对此问题的探讨尚少,因此,本辑的大部分篇幅都集中在对国外研究成果的评价上。

军绅政权——近代中国的军阀时期 陈志让著,三联书店 1980 年 9 月出版。

该书作者为加拿大籍华人,任多伦多约克大学历史系中国和日本近代史教授。他认为,在中国近代化的途程中,1860～1895 年是绅军政权时期,而 1895～1949 年是军绅政权时期。所谓"军"是指 1895 年以后渐渐发展的军队,有时也考虑国防和土匪;所谓"绅"(缙绅、士绅)是受传统教育、有功名的人,他们有些担任过政府的职位,有些拥有田产、地产。军绅政权是这两种人联合统治中国的政权。

该书研究的是 1912～1928 年之间的军绅政权,考察并分析了这一时期的中国政治和社会经济的变迁及其原因、形态、过程和结果,认为这些变迁产生了军阀,而同时军阀也促成了这些变迁,同时该书也研究了这一时期的思想变迁。军绅政权是促成这些变迁的一支强大力量,它也激起了反抗的力量,而两种力量的角斗又促成了新的变迁。作者得出结论,军绅政权阻挠了中国的现代化,阻挠了中国的进步。

中国近代史资料丛刊·北洋军阀(五册) 来新夏主编,上海人民出版社 1988 年至 1993 年出版。

本书是一部全面、系统反映北洋军阀从兴起至覆灭全过程历史的综合性史料书。全书共分五册,前四册系按北洋军阀兴亡历史所呈现的阶段性,并围绕各个阶段的若干重要问题选编而成,其中北洋军阀建军(1895～1912年)为第一册,袁世凯的统治与洪宪帝制(1912～1916年)为第二册,皖系军阀与直皖战争(1916～1920年)为第三册,两次直奉战争与直奉军阀(1920～1928年)为第四册,第五册则为参考检索工具书。书中资料的选录范围相当广泛,涉及档案、传记、专集、杂著、报刊等诸多方面,其中第一手资料如各类档案、当事人专集等在书中占据了相当篇幅,同时选录了一部分具有较高史料价值但流传较少的成书。入选的资料均经编者严格筛选和整理校订,可供研究者直接利用,犹如《中国近代史资料丛刊》其他专题为近代史研究各领域提供了基本史料一样,本书也为北洋军阀史的研究打下了厚实的资料基础。

北洋军阀(六卷)　章伯锋、李宗一主编,武汉出版社1990年出版。

本书所收资料时间,起于1912年,止于1928年。内容多为北洋军阀及其控制下的北京政府的资料,南方军阀及其他地方军阀的资料较少涉及。全书共分六卷,第一卷为"北洋军阀与北京政府",第二卷为"袁世凯的独裁统治",第三卷为"皖系军阀与日本",第四卷为"直系军阀的兴衰",第五卷为"北洋军阀的覆灭",第六卷为"北洋军阀大事要录"。各卷按专题侧重收录了北洋军阀统治时期的政治、军事、外交等方面重要史料,为研究北洋军阀统治时期的历史提供了基本史料。

中华民国史档案资料汇编(第三辑)　中国第二历史档案馆编,江苏古籍出版社1991年出版。

中国第二历史档案馆专门收藏1912年至1949年间北洋政府和国民党政府残留的档案资料,卷帙浩繁,数量巨大,仅北洋政府档案就多达71个全宗,近10万卷。《中华民国史档案资料汇编》是该馆主编的两套大型资料丛书之一(另一套为《中华民国史档案资料丛刊》),现已出版四辑。其中第一辑为《辛亥革命》,第二辑为《南京临时政府》,第三辑为《北洋政府》,第四辑为《从广州军政府至武汉国民政府》。第三辑《北洋政府》专门收录了北洋军阀统治时期有关政治、经济、军事、外交等方面档案资料,共 16 册,其中《政治》2 册,内容有北洋政府组织机构的设置、政策法令、议会、党派社团及会党起事、重大历史事件和问题五部分;《军事》3 册,内容包括北洋政府的军制、从白朗起义到护法战争、军阀割据混战等;《财政》2 册,内容包括财政概况、内外债、赋税等;《金融》2 册,内容包括概况、铸币、国内重要银行与纸币、地方金融和币制、特种金融、帝国主义破坏币制操纵金融等;《农商》2 册,内容包括农业、林业、垦牧、渔业、商业等;《外交》1 册,内容包括外交概况、外交要案及其交涉经过、中国参加国际活动、中国与各国修订条约等事宜交涉经过;《工矿业》1 册;《文化》1 册;《教育》1 册;《民众运动》1 册。本书为北洋军阀史的研究提供了极其珍贵的第一手资料。

北洋军阀史料选辑(上、下册)　杜春和、林斌生、丘权政编,中国社会科学出版社 1981 年出版。

这是一本关于北洋军阀的史料专辑。全书共收 34 篇回忆文章,大都为在北洋军阀统治时期担任要职的军政人员所述所写。这些文章比较具体、生动地叙述了北洋军阀统治时期的一些重要事件,如张勋复辟、府院之争、直皖战争及两次直奉战争等,从政治、经济、军事等各个方面反映了北洋军阀的兴衰过程,在不同程度上暴露了北洋军阀祸国殃民的罪行,具有较大参考价值。

清末民初政情内幕(上、下卷)　(澳)骆惠敏编,刘桂梁等译,知识出版社 1986 年出版。

本书是根据澳籍华裔历史学家骆惠敏所编的《莫理循书信

集》两卷翻译而成,是研究中国近代史极有价值的第一手材料。上卷选辑了 1895～1912 年莫理循任《泰晤士报》驻京记者期间,先后从暹罗、缅甸、中国发出和收到的来往信件 530 封;下卷收集了 1912 年～1920 年莫理循任袁世凯和北洋军阀政府政治顾问期间的有关书信 436 封。这些材料从侧面或反面反映了列强在政治、经济、军事上侵华的种种幕后活动和帝国主义各大国之间的尖锐的矛盾冲突,也反映了以慈禧为首的清王朝覆灭前对外屈膝投降,对内疯狂镇压革命运动,以及辛亥革命中袁世凯篡夺革命果实、"洪宪帝制"、对德参战和中国参加巴黎和会等重大事件的内幕情况。编者为本书写了详尽的注释,有的注释本身就是编者认真考究历史的成果,从而为阅读和利用本书提供了很大方便。

最近三十年中国军事史(二册) 文公直著,上海太平洋书店 1930 年出版。

该书虽名为《最近三十年中国军事史》,实际乃从初练新军叙起,且回溯至中国有军之始,略述梗概,正如作者所说,称之为"中国陆海军史",亦不为过。全书分军制、军史、战史三大编,系统阐述了中国军队之起源,清朝新军之编练及民国建立后之军制和北洋军、奉军、国民革命军以及各地方军队之历史,以及自 1895 年中日战争起至国民革命军三次北伐之间的各主要战争,是一部研究民国军事史特别是北洋军阀史的重要参考书。不过,需要指出的是,该书是在作者个人平日见闻的基础上撰写而成的,错误漏讹之处不在少数,这是参考本书时必须注意的。

民国军事近纪 丁文江著,商务印书馆 1926 年出版。

该书记载了北洋军阀统治时期各军阀派系的形成,北洋军各师旅建制与沿革,直皖、直奉、江浙战争的经过,各省地方小军阀的派系及其相互间的混战等内容,对于各系各省军队编制与

沿革记载尤详。与其他书不同的是,该书以省进行分类,分别予
以阐述,条理清晰,脉络分明,史料价值很高,是研究北洋军阀史
的必备参考书。

清代档案史料丛编(第十辑) 中国第一历史档案馆编,中
华书局 1984 年出版。

该辑收录的《北洋练兵案》,系光绪二十一至二十六年间
(1895—1900 年),总理衙门与有关方面在新建陆军问题上互相
来往的咨文、信函、照会,共 57 件,均采自《总理各国事务衙门清
档》,反映了新建陆军营制饷章及延请外国教官的情况,主要有
关于新建陆军及其各兵种的营制、饷章,调拨薪饷的情况;关于
聘请外国教官的合同及有关交涉的文件;关于沙俄公使不许中
国在编练北方军队时聘请他国教官的照会;关于来华教官人数
问题的双方交涉文件;关于因天津大水暂缓校阅军队的文件等。

袁世凯奏议(三册) 天津图书馆、天津社会科学院历史研
究所编,廖一中、罗真容整理,天津古籍出版社 1987 年出版。

该书是根据《养寿园奏议》原稿的副本整理而成的,收录了
《养寿园奏议》原稿的副本全文,其中新收奏章,起于光绪二十
四年八月初二日(1898 年 9 月 17 日)即袁世凯被光绪帝任命为
候补侍郎专办练兵事宜时起,至清廷免去其直隶总督兼北洋大
臣,授予外务部尚书、军机大臣时(光绪三十三年七月二十八日,
即 1907 年 9 月 5 日)止。全书凡四十四卷,收录奏片 800 篇,以
及为数颇多的附单及朱批,内容涉及近代政治、军事、经济、文化
以及有关的历史事件和人物。另有《养寿园奏议辑录》本六册,
刊辑奏章 197 篇,但未收奏议的朱批和附单。

北洋公牍类纂(二十五卷) 甘厚慈辑,京城益森印刷有限
公司光绪丁未九年(1907 年)初版。

本书收录了袁世凯担任山东巡抚、直隶总督兼北洋大臣期间有关自治、吏治、警察、学务、兵政、交涉、税务、盐政、工艺、路矿、商务、币制、种植、农务、卫生等方面的文件、奏折及各类公牍,反映了袁世凯的政绩及当时社会生活各方面的情况。

此外,甘厚慈还辑有二十四卷《北洋公牍类纂续编》(北洋官报兼印刷局代降雪斋书局印),收录了有关自治、吏治、财政、税务、币制、盐政、交涉、铁路、轮电、矿务、水利、兵政、工艺、农务、商务等方面的文件。

奏定北洋练兵营制饷章　袁世凯撰,北洋官报总局印,1902年初版。

原题为"奏为厘订营制饷章暨北洋创练常备军情形恭折具陈仰祈",光绪二十七年七月三十日(1901年)奏。袁世凯在练兵过程中,深感旧的营制饷章不合时用,亟宜通盘筹划,大加厘订,该书即是他提出的具体方案。在士兵的招募上袁世凯主张仿照外国兵制,实行常备、续备、后备兵制,编制上实行军、镇、协、标、营、队、排、棚等序列。书中还对步队、陆路炮队、过山炮队、马队、工程队、辎重队的饷章作了详细的规定。该书为北洋军的编练奠定了基础,是研究北洋建军史的重要史料。

新建陆军　刘凤翰著,台北"中研院"近代史研究所印行,1967年出版。

本书以袁世凯小站练兵为主,兼述袁早年的军事经验与戊戌政变前后袁以新建陆军为政治资本,投入帝、后两党政争的前因后果,以及袁后来担任山东巡抚与扩充部队、在义和团运动时期独得保全等方面的内容。

清末新军编练沿革　中国社会科学院近代史研究所民国史组编,中华书局1978年出版。

该书系《中华民国史资料丛稿》之一种,是一部研究清末新军及中华民国时期军阀渊源的资料汇编。所选资料除了清末新军编练沿革以外,也选录了一部分新军营制、饷章、训练等方面的资料。全书共分三部分:一、清末新军编练综述,收录了从新军编练缘起至全国普练新军方面带综合性的资料;二、各镇及各省新军编练沿革,包括了从北洋六镇起清末新军三十六镇的编练沿革资料;三、新军学堂和陆军留学生,收录了北洋及各省陆军学校及陆军留日学生的资料。资料分别选自故宫博物院明清档案部、社科院近代史所所藏清政府档案,《德宗实录》《光绪朝东华录》《宣统政纪》《清朝续文献通考》等文献资料,清末官吏的奏议以及《容庵弟子记》《东方杂志》等书刊的有关资料。

新建陆军兵略录存 袁世凯编纂,光绪二十四年九月(1898年)排印。

袁世凯自1895年接练新建陆军,惨淡经营,凡军中号令,日与诸将领悉心讨论,逐月刊为课册颁发,该书即为这些课册的汇编。共八卷,四类:一章制,全军纲领隶之;一禁令,士卒纪律系之;一训条,懂对教戒属之;一操法,步伐攻守归之。因系课册,故内容于步、炮、马、工程各队的营制饷章,后勤供应之外,还多涉及军事教育及训练问题,如行营兵官学堂学员的遴选、士兵的招募、官长的考拔、洋教习的聘请、日课定程、考试奖惩、军容军律、教育思想等等,而对于西洋操法、新式武器的用法尤其重视。该书是全面了解新建陆军的原始资料。

训练操法详晰图说 段祺瑞等纂校,光绪二十九年(1903年)本军印藏。

该书是袁世凯奉谕将所率军队平素训练各法绘图帖说进呈备览,凡二十二册,从训和练两个方面详细记载了该军训练攻守,训练驻扎、步队操法、枪法、阵法、战法、炮队操法、炮法、马队操法、阵法、战法,工程队操法及沟垒说、电雷说、测绘论,并练兵要则、募兵要则、格式、饷章、规则律令及条教等,图文并茂,通俗易解。

中华民国开国史 谷锺秀著,上海泰东书局 1914 年初版,1921 年 3 版。

该书记述了武昌起义前的革命潮流及武昌起义后临时政府之组织、北京袁氏政府之组织、总统之选举、国会之被解散等有关史事。作者在武昌起义后以直隶省咨议局代表身份参加南京各省代表会议,后为临时参议院议员,所记为其见闻"实录",有一定参考价值。

民初政争与二次革命(上、下编) 朱宗震、杨光辉编,上海人民出版社 1983 年出版。

该书辑录了自民国元年四月一日(1912 年)南京临时政府结束迄二年九月(1913 年)"二次革命"失败的材料。上编为民初政争,按照 1912 年 4 月 1 日至 1913 年 7 月 7 日发生的重大政治事件分成五个专题,收录有各派政治力量之间错综复杂斗争的资料,其中:一、唐绍仪内阁风潮和陆徵祥内阁风潮;二、张振武冤案;三、江西民政长事件;四、宋教仁案和大借款的发生;五、法律解决的幻灭。下编为"二次革命",内容包括:一、"二次革命"的主要政治文件;二、各省独立战争的经过,这部分中根据各省独立先后分省辑录资料。最后部分为附录,收录了《何海鸣致报界述困守南京情形函》《袁世凯宣布国民党议员助乱证据布告》,1913 年 9 月至 1915 年间孙中山、黄兴、陈其美彼此间为检讨"二次革命"失败原因的书信,以及有关民初政争、"二次革命"资料和回忆录篇目索引。该书资料来源于当时各个不同政派近二十种报刊上的有关材料,中国第二历史档案馆未刊档案及其他有关书籍与专题资料。

赣征纪略　张敬尧撰，新民图书公司 1914 年印。

该书详细记载了"二次革命"时期北洋军进攻江西的经过。作者张敬尧时任北洋军第六师第十一混成旅第二十二混成团团长，为江西战役的主要参加者。书中主要记述了张氏所部于 5 月 13 日奉令出师直至 8 月 19 日攻陷南昌这一期间的征战情况，如作战计划、兵力部署、武器装备、沿途地形及交战经过等，均有较详的记载。书中附有战斗详报多份，记该军在列次战役中的死伤、虏获及武器弹药的损耗等等，并附列次战役详图多份，以备查考。该书因出自北洋军阀之手，故对"二次革命"及南方革命军多有歪曲诬蔑之词，使用此书者当有所鉴别。

洪宪惨史——京畿军政执法处冤狱录　王建中著，京兆商会联合会 1925 年印。

该书共记冤狱 20 起，受害者为张振武、方维、徐镜心等人，其中多为"宋案"后觉悟者，或为对袁帝制不满者，逮捕手段多为诱捕、诬陷。及至帝制失败，才得以获释。书中另有袁政府时代殉难同志事略，共计 14 人。这些人或在辛亥革命和"二次革命"中立有功勋，或因武力讨袁而为袁忌恨，并遭到逮杀的，可见袁氏仇恨革命之一斑，其中"宋教仁事略"后附有京师地方法庭对"宋案"重犯洪述祖的审判记录与判词。

袁世凯与中华民国　白蕉著，《人文月刊》社 1936 年 2 月初版，同年 6 月再版。

该书上限为辛亥革命发生后，下限至袁世凯病死止，编列了袁世凯在中华民国期间的政治、军事、外交活动，以及与之有关的电报、公文、报刊报道和评论等。该书体例独特，是以作者叙述简况为线索，以引用的大量原始资料为主要内容，资料全面、真实、详细。

袁氏当国史 马震东著,上海中华书局 1930 年出版。

该书以袁世凯的政治活动为线索,比较全面、详细地叙述了自武昌起义始,至袁世凯死后黎元洪继任大总统止这一时期的政情变迁。书中引有大量的政府公文、命令、条约、章程等,均照录原文。书中涉及重要人物,一般都有简单介绍。

袁世凯称帝及其败亡 胡柏立著,河南人民出版社 1981 年出版。

该书分五部分,依据有关资料,对洪宪帝制活动的筹备、实现及败亡情况作了简要分析,兼及各帝国主义国家在帝制问题上的态度与政策。其中比较详细地揭露了日本坚持要中国实行君主立宪,但并不像其他帝国主义那样全力支持袁世凯称帝,而是扶植各种各样的反袁势力,蓄意在中国造成大乱局面,以便操纵局势,坐收渔利的对华方针。

八十三天皇帝梦 吴长翼编,文史资料出版社 1983 年出版。

该书资料来源于袁氏子女及亲属、同僚和部属所作的回忆录。叙述的内容既包括袁世凯的重大政治活动,也涉及了他的日常生活等诸多方面,提供了一些不完全为人所知的研究资料。因为所述多为亲身经历和所见所闻,可补文献之不全,对全面了解和研究袁世凯这个历史人物及与之有关的重大历史事件有很大参考价值。不过,回忆录难以完全吻合历史事实,且所作分析不同程度地会受到主观因素的影响,这些是应该注意的。

护国运动 中国第二历史档案馆、云南省档案馆合编,江苏古籍出版社 1988 年 6 月出版。

该书是关于护国运动的史料专辑,辑录了北洋政府和护国军政府两方面所发布的函电,并按护国运动的发生、发展进程,将有关材料分为六大部分:一、袁世凯接受二十一条;二、筹备洪宪帝制;三、云南首义反袁及各地响应;四、北洋军入川、湘抗拒护国军;五、袁世凯被迫取消帝制;六、袁世凯死后的政局。

督军团传 陶菊隐著,上海中华书局印行,民国三十七年(1948年)六月初版。

该书记述了1916年6月袁世凯去世至1920年7月直皖战争爆发前这一时期的历史。书中对"张勋复辟""南北议和""吴师撤防"等事,均有比较详细的记载。对直、皖、奉三大军阀间的纷争、冲突和地方督军干预中央政权,侵凌地方民政以及彼此间尔虞我诈、相互倾陷的内幕,也多有披露。书中还对若干军阀的结局,作了简略交代。

与陶著其他诸书一样,此书材料"半采自书报,半得诸传闻",使用此书者当加注意。

复辟之始末(两册) 1917年手抄本,南开大学图书馆藏。

此抄本为有关张勋复辟的电稿汇纂。从1917年7月2日至7月12日,逐日记载了张勋复辟活动、段祺瑞讨伐复辟的情况以及天津、南京、杭州、湖南、广州等地附和或反对复辟的动态;对段祺瑞"讨逆军"与张勋"辫子军"的开战情形,所记尤详。基本上反映了这一复辟丑剧从上演直至收场的全过程。

复辟半月记(又名《指严旅京实录》) 许指严撰,上海交通图书馆印行,1917年出版。

该书主要记载了1917年7月1日张勋复辟至7月12日复辟失败后张勋逃匿荷兰使馆避难之始末。逐日记述了复辟派的活动、段祺瑞讨逆军的战况以及北京地区的社会动态等情况。书中保存了从当时报刊上转录的大量原始文电。

复辟始末记（上下两卷，全一册） 上海文艺编译社1917年8月编印，天津市历史博物馆藏。

全书凡四章，分别叙述复辟之酝酿、动机、爆发及失败，并有附录，详载复辟后各地之要闻、各省督军之动态；转载了《新闻报》上指迷撰写的《复辟之真相》、《中华新报》上孙毓筠撰写的《复辟阴谋纪实》、《民国日报》上刊登该报通信记者霸撰写的《叛党乱国之经过》、黎元洪之通电等。另有《复辟始末记零拾》以及自7月1日至7日复辟后各要人进京、出京一览表。

直皖秘史 张一麐著，上海世界书局1920年出版。

全书凡八章，对北洋派的由来及其最后分裂成直、皖等军阀派系的原因进行了分析。书中对直、皖两派各自的地盘、兵力状况以及它们之间的矛盾和争斗的记载，尤为详备；并列专章对两系的主要人物作了简单介绍。书中还保存了直、皖两派军阀在直、皖战争爆发前后所发表的大量文电。

由于作者熟悉北京政坛，了解北洋军阀的内幕，所记皆是自己所见所闻。因此，该书对于研究北洋军阀史，颇具参考价值。

直皖战争 中国第二历史档案馆编，江苏人民出版社1980年出版。

该书是《中华民国史档案资料丛刊》的专题之一。它所辑录的有关档案资料（包括少量原附于档案中的政府公报资料）共236题371件。其内容包括如下四个方面：一、战争前夕直、皖之间的倾轧；二、战争的爆发与皖军的失败；三、战后的政局；四、战区的兵变。这些资料，对于直皖战争的经过及其前因后果，均有较多的记述，对于帝国主义列强当时所持的不同态度，也有某些反映，从而为研究这次战争提供了不少有一定参考价值的第一手资料。

奉直战史　上海宏文图书馆 1922 年编印。

第一次直奉战争爆发于 1922 年 4 月底,而于 5 月初大致结束。该书成于 1922 年 5 月,可谓最早记载此次战争的史书。由于时间间隔短,编者易于搜集史料,书中所述又具有相当的真实性,因此,该书之所记,有着一定的参考价值。书中对直奉战争爆发的远因、近因、导火线、战争之爆发与进行、战争之真相与结果,以及战争造成之影响,均有详细记载。

壬戌政变记　张梓生著,商务印书馆 1924 年出版。

该书收录了张梓生两篇著作:《奉直战争纪事》《黎元洪复职记》。《奉直战争纪事》对 1922 年第一次直奉战争的起因、战前双方之准备及战争之经过、战争造成之影响等,均有详细记载,对研究军阀混战颇有参考价值。《黎元洪复职记》记述了直系军阀在第一次直奉战争取得胜利后,驱散安福国会,赶走安福国会选出的总统徐世昌,恢复 1917 年被黎元洪解散的旧国会,把黎元洪捧出来重任总统,从而借以统一全国,达到直系武力统一的目的这一全过程。书中搜集各有关方面的文电,有一定的史料价值。

第二次直奉大战记　无聊子著,上海共和书局 1924 年再版。

该书共分六章。第一章对直、奉两系的由来及其始合终离并进而交战的原因进行了分析;第二章叙述了第一次直奉战争的酝酿、经过和结局,并对奉张失败的原因进行了分析;第三章记载了第一次直奉战争结束后直、奉两系的行动,而对奉系军阀内部情况的记载则尤为详备;第四、五两章分别记述了第二次直奉战争爆发后,直、奉两军阀派系的活动情况;第六章则记载了战争爆发后吴佩孚与张作霖及陆战、海军、飞机、外交等方面的状况。

甲子奉直战史　佚名编,上海宏文图书馆 1924 年编印。

该书详细记载了第二次直奉战争的始末,书中对直、奉再度开战的动机,反直派的态度与直系军阀的应对,直、奉两方军队的调查与内容,两军最初之防线及战略,冯玉祥"北京政变"与直奉战争的结局等均有较详记载,而记直、奉两军交成的经过情形则尤为详备。研究第二次直奉战争,该书具有较大的参考价值。

北京政变记　无聊子著,上海共和书局 1924 年出版。

所谓"北京政变",即指 1924 年 10 月第二次直奉战争过程中,冯玉祥联络胡景翼、孙岳等发动兵变,驱逐直系军阀首领、贿选总统曹锟这一历史事件。该书对政变的前因后果,政变的前后经过,有着详尽的评述。书中收录了当时的各方记载、报道和有关文电,是一部具有相当价值的关于"北京政变"的专著。

善后会议史　费保彦编纂,寰宇印刷局 1925 年出版。

该书共分四章。第一章分析了善后会议的由来,书中对江、浙战争的起源,第二次直奉战争的经过,冯玉祥"北京政变"及段祺瑞对时局的态度等,都有较详的分析和叙述;第二章叙述善后会议的筹备情形,较详地记载了段祺瑞与孙中山关于国民会议的争论,并辑录了段祺瑞邀请各实力派出席善后会议的文电;第三章记载善后会议历次会议之情形,并对会议纪事作了简要叙述;第四章记载了专门委员会审查国民代表会议及军、财两委员会各条例。该书前有 17 篇序,为段祺瑞、冯玉祥、卢永祥和梁士诒等人所作。书后附录则全文辑录了善后会议各会员所提,并经过大会表决手续的提案与意见书,其余的也列有标题。

作者曾充任财政专门委员会委员,稔知善后会议的整个过程。因此,该书对于研究善后会议以及相关问题,具有较高的史料价值。

善后会议 中国第二历史档案馆编,档案出版社 1985 年出版。

该书是《中华民国史档案资料丛刊》的专题之一,共辑录档案资料 175 题 182 件,公报资料 2 题 2 件。按段祺瑞筹开善后会议,善后会议的召开,善后会议闭幕后段祺瑞的有关措施分三大类编排。该书从一个侧面反映出:段祺瑞召开善后会议的意图,孙中山对善后会议的坚决抵制和国民会议运动的蓬勃发展,段祺瑞与张作霖以及各省各系军阀彼此之间的矛盾和在善后会议中的斗争,社会各阶层、各个政治派别在善后会议期间的活动,段祺瑞在善后会议闭幕后查禁北京国民会议促成会等团体,筹备国民代表会议、成立财政善后委员会等机构及其所受到的抵制和反对,在北洋军阀长期统治下有关政治、军事、经济、边防、民族、侨务等方面的情况。

国民军史稿 李泰棻著,1930 年印。

该书乃是一部记载冯玉祥生平事迹、国民军之历史及国民军重要将领之活动的专著。书中对两次直奉战争及国奉战争记载尤详。书中事实,一半为作者平日记忆所及,其中文字记载,多参考冯玉祥之自传及《国民军奋斗史》;而其口述,则参考薛笃弼、石敬亭、邓仲知、弓富魁、邓宝珊、李养泉等国民军高级将领之叙述。因此,该书之记载详细可信,史料价值极高。

我杀死了张作霖 河本大作等著,陈鹏仁译,台北聚珍书屋出版社 1982 年出版。

张作霖被杀案是中国近代史上的一桩公案,看法多有分歧。该书汇编了当时参与其事的日本政界及军界诸人的回忆录,日本学者、记者对这一事件的研究、探讨文章。这些作者当中,有张作霖首席顾问町野武马、暗杀的主谋河本大作、奉天总领事林久治郎、哈尔滨总领事曾代理奉天总领事的森岛守人、日本政界元老西园寺公望的秘书原田熊雄、关东军奉天特务机关少校参谋花谷正等人,他们从实施"满蒙政策"着眼,对谋杀案的内幕直言不讳。因此,该书是了解谋杀案及日本对华侵略政策延续性的第一手资料。

日本人谋杀张作霖案 龚德柏著,沈阳专城书局民国十八年(1929年)八月出版。

该书是"皇姑屯事件"发生以后不久出版的一本专论,作者为《申报》新闻编辑,以敏锐的眼光和独特的见解,广泛搜集了当时各方面的有关资料,对这一事件作出了客观公正的分析评论。主要内容有:炸弹案之真相,日本政府炸张的原因,事件发生后日本之态度,中国当局之处置,日本议会中对该事件的分歧,对于日本议员侵略谬论之驳斥,上海报纸对该事件的报道。书后还附有日本军队扰乱"满蒙"、制造炸车案的铁证。

北洋政府总统与总理 杨大辛主编,焦静宜、张树勇副主编,南开大学出版社1989年出版。

该书汇编了北洋政府首脑人物的传记,不仅评述了这些人物的生平和历史功过,同时也反映了那个历史时期的政治概貌。全书分上下两编:上编为北洋政府总统(其中包括在未设总统期间的临时执政与军政府大元帅),共7人;下编为北洋政府的历届内阁总理,连同临时署理、兼代的在内,共29人。该书附有全部总统、总理照片,并于书末附录《北洋政府总统总理更迭纪要》《北洋政府历届总统、副总统简表》《北洋政府历届总理简表》以备读者检索。

袁世凯传 李宗一著,中华书局1980年出版。

该书以已有的中外论著为基础,参阅了有关袁世凯的政府档案、私人函电等,对袁世凯的一生进行了详尽的剖析,从而揭露了封建专制主义的野蛮、愚昧、虚伪和顽固,并进一步说明了清末民初支配我国社会历史的一般的和特有的规律,以及违反规律的人物最终要失败的必然性。

该书史料宏富,论述精详得当,脉络清晰可稽,是研究清末民初的历史和认识袁世凯其人的重要参考书。

容庵弟子记(四卷) 沈祖宪、吴闿生编,民国二年(1913年)铅印本,天津人民图书馆藏。

该谱编者为谱主袁世凯之门下士,记谱主幼年至宣统三年止之行事,不采逐年条述体裁,而以谱主行事分为四卷,每卷顺文叙其行事。

卷一自咸丰九年谱主出生至光绪二十年六月中日战争爆发前止,除记谱主幼年、少年时活动外,以记中日战前有关朝鲜问题之史事为详,于壬午军变、甲申政变及朝鲜内部纷乱情况等均有记载。

卷二自光绪二十年七月至二十七年八月止,记中日甲午战争时清廷之军事部署、谱主之创练"新建陆军"及镇压义和团运动等事,尤以记"新建陆军"之创立、发展为详尽。编者于本卷中不记谱主破坏戊戌变法之事,甚至即戊戌之情况亦阙而不录,显示为谱主曲讳。

卷三自光绪二十七年九月至三十年十二月止,记谱主任直督时之活动,如镇压景廷宾起义,编练"北洋常备军",以扩充其武装势力等活动。

卷四自光绪三十一年正月至宣统三年八月止,记谱主于清末筹饷练军、勾结帝国主义等罪恶活动。

段祺瑞 沃丘仲子编,广文书局印刷,上海世界书局发行,

1920 年初版,1923 年再版。

该书介绍段祺瑞入仕前后之生平事迹,分上中下三编:上编为十二节,分述段氏之家世、幼年及学生时代,赴德留学,小站练兵和清末民初出仕之情况;中编介绍段氏清末民初之"政绩";下编概述段系之人物,分别介绍军阀 24 人、官僚 17 人。书后附录段氏之史乘,分述段氏之家庭、文艺、经济、交际、宗旨、嗜好、逸兴等逸事。

该书简单明了,但多溢美之词。

段祺瑞秘史 瀺江浊物编,信史编辑社 1923 年出版。

该书记段祺瑞从出身以至直皖战争这一时期的历史。书中对段氏的家世、早年生活及前清时期的仕历和活动都有记述,尤其是对段氏在民国后的活动的记载,较为详备,书中还就直皖交恶以至展开厮杀的原因和结局进行了分析,并辑录了直皖战争前后有关各方的文电。书后所记段氏逸事,涉及其家教、嗜好及性格等方面。

合肥执政年谱初稿(一题《(合肥)段公年谱稿》) 吴廷燮编,民国二十七年(1938 年)铅印本。

该谱系编于谱主段祺瑞卒后次年受人委托而纂辑者,故以谀为主。记仕历以民国部分为详,并罗举中央及地方重要官吏之更迭情况,所载历次阁潮之阁员名单甚为完备。其记事之下间以小字附录令文、电文等。

徐世昌全传 上海竞智图书馆编辑、校阅、发行,1922 年出版。

全书凡七十四章,概述了徐世昌一生从政之大事。从徐早年出仕、就任东三省总督、入相时代,直至入民国后出任官职、袁世凯帝制自为辞官隐居、暗助复辟、出任总统,最后被直系军阀赶下台,均有较详叙述,中间夹有逸闻及徐氏重要通电。

徐世昌评传 沈云龙著,台湾传记文学出版社1979年初版。

该书以传记体为主,编年体和纪事本末体为辅,对徐世昌一生的事功、学术、言论、品格及其所受的歌颂或毁谤等,结合其所处的时代背景,进行了述评,成功地描述了徐世昌这一阴柔圆滑、老于世故、巧于投机的近代官僚的典型形象。

水竹村人年谱稿(二卷,附录) 贺培新编,抄本,北京图书馆藏。

该谱凡二卷。卷上记至辛亥革命清帝逊位止。记谱主徐世昌就读、教馆、作幕、仕历及交游等,兼记有关时事,如光绪二十三年七月记应袁世凯聘至小站任总理参谋营务处、订立营规等事,并记中外交涉、清末官制改革及伪立宪、东三省情况等。卷下始于民国元年,记民初政局、"洪宪帝制"、对德参战及阁潮等事,其中有为谱主曲讳处,如称谱主不赞成洪宪帝制等。

附录辑时人所记有关谱主逸事,即徐一士、徐凌霄等人所谈掌故。另有著述目录,分自著类、刊印类。

黎元洪评传 沈云龙著,载沈云龙主编《近代中国史料丛刊》第七十九辑,台湾文海出版社印行,1972年初版。

该书非记黎氏一生之事,而只就他在武昌起义及民初政坛上的一些主要活动进行了述评。书中附有较多电文,并综合了当时人对黎氏的评价,可谓实事求是地评价黎元洪其人其事的上乘之作。

黎元洪年谱资料 民间不老人编,1961年打印本,北京图书馆藏。

是谱以公元为主,下附清历、太平历及干支。全谱分项记

229

事,每年下分谱主事略、关系者情况(记友朋生卒情况及行事)、国内外情势,五四运动后各年增入革命形势内容。其 1904 年条记湖北新军编制,辛亥革命时记武昌起义情况,军阀时期记混战及政潮等均可供参考。

谱前有《黎元洪年谱资料简目》列各阶段简目,又有《元洪先世及其直系家属》表,谱末记至 1935 年,皆丧葬事。附录有章炳麟撰《大总统碑文》及薛民见辑《元洪姓氏之谜》两篇。

吴佩孚　蒋自强、余福美编,山东人民出版社 1985 年出版。

该书对北洋军阀中号称"儒将"的吴佩孚的一生进行了叙述。对吴氏早年经历及直皖战争爆发前的活动情况的记述较为简略,对其在直皖战争后在政治、军事及外交等方面的活动,则有较详的记载,书后附有《吴佩孚大事年表》,反映了吴佩孚一生的活动情况。该书对于了解北洋军阀的兴亡及其相互间的争斗,不无裨益。

吴佩孚传(上、下册)　章君谷著,台湾传记文学出版社 1980 年出版。

该书记吴佩孚一生之历史,举凡吴氏家世、求学、从戎、投幕及其晚年生活情况,均有详尽记载。而对吴氏之军功,诸如"衡阳撤防""直皖战争""直奉战争""榆关之战"等的记载,尤为详备。

该书由赵恒惕、孙震、刘泗英、贺国光等吴氏之故旧挚友提供材料,经章君谷加工而成。书中对吴氏虽多溢美之词,但基本上真实可信地反映了吴佩孚一生的历史。

吴佩孚先生集　赵恒惕等编,载沈云龙主编《近代中国史料丛刊》第六十八辑,文海出版社印行。

全书共分四大部分:一、著述。收集了吴佩孚阐述伦理道德的言论,主要有《循分新书》《正一道诠》《明德讲义》《蓬莱讲话录》和《蓬莱诗草》；二、年谱。记吴佩孚一生之事迹，并附有关史料；三、传记。分上、下两编。上编记吴氏早年经历及其对文化、伦理、历史、人物、政治和中外关系等所持的观点；下编记吴氏的主要活动；四、追忆录。记吴佩孚去世情形及当时人的一些回忆文章。

张作霖　常城著，辽宁人民出版社1980年出版。

该书在前人某些研究的基础上，广泛搜集中外档案、书刊资料和近年发表的、未发表的有关回忆录等，对张作霖这个军阀的起家、称霸及其在北部中国进行反动统治的过程作了较为系统、详细的评述。书中对张作霖这一人物基本持否定态度，但认为张从维护自己的统治出发，不愿完全听从日本帝国主义的摆布，卖力追剿受沙俄操纵的蒙匪等活动，是有利于祖国的。这一评价还是比较客观的。

怪杰张作霖　（日）园田一龟著，胡毓峥译，辽宁大学出版社1981年出版。

该书以介绍张作霖的出身和活动为主，对有关张作霖的事项叙述较详，涉及中国政局则止于梗概；与张作霖无关的问题及日本与张作霖之间的关系等，一概从略。书前所冠之序，说明了作者编著此书的目的，书后又有《张作霖年表》和《奉军现势》两个附录。

由于作者在奉从事报业多年，熟知其时中国之状况及张作霖之为人举止，因此，该书对于研究当时中国的历史，尤其是认识张作霖其人，不无参考价值。但由于原书编写时正值日本帝国主义者积极策划推行大陆政策、疯狂侵略"满蒙"的时代，而作者又是日本帝国主义的忠实爪牙。因此，书中对当时的史实多有歪曲，使用此书者当有所抉择。

231